PHÄNOMINT
WISSEN • FORSCHEN • STAUNEN

Martin Verg

Die Zeit-Werkstatt

Experimente & Wissen rund um Jahre, Stunden & Sekunden

mit Illustrationen von
Peter Zickermann

moses.

Impressum

moses. Verlag GmbH

Arnoldstraße 13d
47906 Kempen
Fon 02152 - 20 98 50
Fax 02152 - 20 98 60
Mail info@moses-verlag.de
www.moses-verlag.de

ISBN 978-3-96455-302-7

Text: Martin Verg

Illustrationen: Peter Zickermann

Lektorat: Karin Bischoff

Layout, Typographie und Satz: Melanie Dahmen, Grafik-Design & Art-Direction

Herstellung: Nicole Bienia

Redaktion: Geesche Oetken

Bildnachweis
Cover: @Adobe Stock: akeeris (Pappe HG); Marco Attano (HG m.r.; HG U4); naka (HG u.l.); paul (HG o.l.); **Innenteil**: Tessiner Kulissen (Verg, S.6), Peter Zickermann (Zickermann, S.6). **@Adobe Stock**: bmf-foto.de (S.2 o.l.; S.63 o.); ktsdesign (S.2 o.r.); Delphotostock (S.3 o.); Oleksandra (S.4. o.r.); suteyama (S.4 m.l.); Naturalis (S.4 u.r.); Alexey Wraith (S.5 o.; S. 29); K. A./peopleimages.com (S.5 u.); CreatieveART (S.7); Sinnlichtarts (S.9); TwilightArtPictures (S. 10 o.l.); neirfy (S.10 u.); losmostachos (S.13); Paul Maguire (S.15); WitR (S. 16 o.l.) ; Alexeiy (S.16 m.); Alexandra Sigg (S.17 o.r.); tatomm (S.19); JFBRUNEAU (S.22 o.); fabiomax (S.22 m.); Sunflower (S.23 o.r.); Maryna (S.25); lebaer (S.26 o.l.); Baharlou (S.27 o.r.); borisb17 (S.27 m.); Gordana Sermek (S.27 u.); gabbiere (S. 31); eyetronic (S.32 o.l.); Archivist (S.32 m.l.); bohbeh (S.32 u.r.); cafera13 (S.33 o.); Ozphoto (S.35 o.); RalfenByte (S.38 o.l.); Olgierd Kajak (S.39 o.); lotharnahler (S.39 o.m.); Björn Wylezich (S.39 m.u.); leomalsam (S. 39 u.r.); Denksportwerk (S.41); yajuan tang (S.43); Anne Coatesy (S.44 o.l.); mbolina (S.45 o.l.); ArTo (S.45 o.r.); vetre (S.47 u.); Rido (S.49 o.l.); altanaka (S.49 o.r.); Cosmic Dust (S.51); ckybe (S.51 u.); Petra Fischer (S.53 m.); jdmfoto (S.52 u.); max dallocco (S.53 o.); Suzi Media (S.53 u.); Tatyana (S.55 o.); aamulya (S.55 m.); beats_(S.55 u.); Studio Romantic (S. 56 o.); emerald_media (S.56 o.m.); Viks_jin (S.56 u.m.); sinhyu (S.56 u.); Roquillo (S.57 o.); karrastock (S.57 m.l.); carlesmiro (S.57 m.); Богдан Маліцький (S.57 m.r.); Animaflora PicsStock (S.59); Svetliy (S.61 o.); Erman Gunes (S.61 m.); Proxima Studio (S.62 o.); Madina (S.62 m.). **@Shutterstock:** geogif (S.11 u.); Sedin (Aufbau Pendeluhr, S.33); Locomotive74 (S.34 o.r.) afitz (S.37 u.r.); Nina Buday (S.47); Silent Lichen (S.48 u.); Ivakoleva (S.49 u.r.); T.Superina (S.53 m.); Zeitkapsel loeten (S.62 u.m.). **@imago-images**: IMAGO / Gemini Collection (S.48 o.l.). **@picture-alliance**: picture alliance / Photoshot (S.37 o.); picture alliance/ dpa/dpa-Zentralbild / Martin Schutt (S.61 u.); picture alliance / ZB / Ulrich Haessler (S.62 u. l.); picture alliance / Klaus-Dietmar Gabbert/dpa-Zentralbild/ZB / Klaus-Dietmar Gabbert (S.62 u. r.).**@Wikimedia Commons**: gemeinfrei (S.9 u.r.), gemeinfrei (S.10 m.l.), gemeinfrei (S.11 o.r.), Marsyas (https://commons.wikimedia.org/wiki/File:AGMA_Clepsydre.jpg), „AGMA Clepsydre“, https://creativecommons.org/licenses/by-sa/2.5/legalcode (S.25 m.); gemeinfrei (S.34 o.l.); gemeinfrei (S.35 u.); gemeinfrei (S.48 m.l.); Unknown author Armando Mancini (https://commons.wikimedia.org/wiki/File:Parco_della_Grotta_di_Posillipo5_(crop).jpg), „Parco della Grotta di Posillipo5 (crop)“, https://creativecommons.org/licenses/by-sa/2.0/legalcode (S.52 o.l.).

Printed in Poland

Klimaneutral
Druckprodukt
ClimatePartner.com/14161-2001-1001

FSC
www.fsc.org
MIX
Papier | Fördert gute Waldnutzung
FSC® C018236

Alles klar?
Spannende Quizfragen zu den einzelnen Kapiteln findest du auf den Seiten: 12, 28, 40, 58, 64.

Das erwartet dich in diesem Buch:

Es ist Zeit!

Was siehst du, wenn du aus dem Fenster blickst? Vielleicht sind es saftig grüne Bäume, die sich im leichten Sommerwind wiegen. Vielleicht sind ihre Kronen aber auch gerade kahl. Und statt Sommerwind pusten Winterstürme die letzten Blätter von den nackten Ästen. Vielleicht siehst du aber auch gar nichts, weil es draußen nicht hell ist, sondern stockdunkel – wenn du diese Zeilen nämlich nicht am Tag, sondern spätabends liest.

Mit anderen Worten: Es gibt viele mögliche Zeitpunkte, zu denen du dieses Buch aufgeschlagen haben könntest. Oh, ... und wahrscheinlich hast du das auch gar nicht sofort getan, als du es zum ersten Mal in den Händen gehalten hast. Vielleicht ist es ein paar Wochen oder Monate her, seit du es geschenkt bekommen oder dir gar vom eigenen Taschengeld gekauft hast. Mit anderen Worten: Seitdem ist Zeit vergangen.

Zeit vergeht immer (also fast immer, aber dazu mehr auf *Seite 11*). Zeit ist vergangen, seit du das erste Wort in dieser Zeile gelesen hast. Aber wie? Und warum? Dieses große Rätsel beschäftigt die Menschheit seit Ewigkeiten. Nicht, weil die Leute sonst nichts hätten, worüber sie sich den Kopf zerbrechen könnten. Sondern weil der Lauf der Zeit unser Leben schon immer bestimmt hat. Denk daran, wie du selbst Jahr für Jahr älter und größer wirst. Denk an den ständigen Wechsel von Tag und Nacht, von dem unsere Wach- und Ruhephasen abhängen (was passiert, wenn der durcheinandergerät? Steht auf *Seite 48*.) Denk an den Lauf der Natur. Auch davon sind wir abhängig: Wenn der Apfelbaum im Frühling nicht blüht und bestäubt wird, können wir im Herbst kein Obst ernten.

Bis die Menschen all diese Zusammenhänge nicht nur verstanden, sondern auch Systeme ersonnen haben – Kalender (*Seite 22*), Uhren (*Seite 26*) und so – mit denen man diese Kreisläufe messen und damit – ganz wichtig! – vorhersagen kann, hat es Jahrtausende gedauert. Seitdem ist also, genau: viel Zeit vergangen. Wobei ... was heißt schon viel Zeit? Viel Zeit gemessen an einem Menschenleben, das stimmt. Aber sonst? Wie viel Zeit gibt es überhaupt? Hat sie irgendwann angefangen, wird sie irgendwann enden?

Auf diese und noch viel mehr Fragen findest du in den fünf Kapiteln dieses Buches Antworten. Und nicht nur das. Denn neben haufenweise spannender und überraschender Dinge, die du auf den kommenden Seiten kennenlernen kannst, gibt es auch jede Menge zum Ausprobieren und Selbermachen – von der Kristallzucht (*Seite 36*) bis zum Sonnenuhrbau (*Seite 30*), vom Familienstammbaum (*Seite 8*) bis zur Zeitkapsel, die deine Nachfahren eines fernen Tages ausgraben werden, um festzustellen: Oha, ... es ist schon wieder ganz schön viel Zeit vergangen (*Seite 60*). Und als kleines Sahnehäubchen obendrauf endet jedes der Kapitel mit einem kleinen Ratespiel.

Aber damit genug der Vorrede. Von dem Moment, als du hier oben auf der Seite zu lesen begonnen hast, bis hierher sind schätzungsweise zwei bis drei Minuten vergangen. Ein bisschen mehr, ein bisschen weniger. Je nachdem, wie schnell du liest.
Es hat sich gar nicht so lange angefühlt? Das ist ein sehr gutes Zeichen. Denn neben der objektiv messbaren Zeit in Minuten und Sekunden gibt es etwas wie gefühlte Zeit. Die kann sich bei Langeweile schier unendlich dehnen. Packt und fesselt dich aber etwas, vergeht sie wie im Fluge (*Seite 52*). Genau das wünsche ich dir jetzt. Jedenfalls für die kommenden 60 Seiten.

DIY

Legende

Am Anfang jedes Experiments findest du eine kleine Übersicht, was dich bei diesem Experiment erwartet:

Dieses Symbol weist darauf hin, welchen Schwierigkeitsgrad das Experiment hat. 1 Stern bedeutet, dass das Experiment ganz einfach ist, 2 Sterne stehen für den mittleren Schwierigkeitsgrad, 3 Sterne zeigen, dass das Experiment zu den schwierigen gehört.

Dieses Symbol zeigt den Zeitbedarf an. Die Angabe „einfach" deutet auf ein leichtes Experiment hin, das nur wenig Zeit in Anspruch nimmt. Der Hinweis „mittel" heißt, dass sich das Experiment nach ein paar Stunden umsetzen lässt. Für Experimente mit der Zeitangabe „hoch" solltest du einige Tage einplanen, bei der Angabe „sehr hoch" kann es mehrere Wochen dauern, bis du ein Ergebnis siehst.

Die Hand bedeutet, dass du Hilfe von einem Erwachsenen benötigst. Ist sie durchgestrichen, ist keine Hilfe notwendig.

DIY

Martin Verg ist Journalist und Autor. Nach mehr als zehn Jahren als Chefredakteur der Kinderzeitschrift GEOlino schreibt er inzwischen vor allem und am liebsten Bücher für junge Leserinnen und Leser, mal schräge Krimis, mal schlaue Sachtitel, moderiert oder macht Podcasts.

Peter Zickermann (Jahrgang 1965) lebt und arbeitet in Bielefeld. Nach dem Abitur Studium der Visuellen Kommunikation, Abschluss Diplom 1992. Nach der Arbeit in verschiedenen Agenturen seit 1998 selbstständig mit den Schwerpunkten Illustration, Typografie und Buchgestaltung. Dozent an zwei Hochschulen.

1.

Gibt es eine Zeit vor der ZEIT?

mittel | mittel | eventuell

Ein Stammbaum mit Luftwurzeln

Deine Lebenszeit hat mit deiner Geburt angefangen. Aber was war davor? Jeder Mensch hat zwei Elternteile, die wiederum jeweils zwei Elternteile haben. Mit anderen Worten: Du musst nicht wahnsinnig tief in deine Familiengeschichte einsteigen, schon ist da ein Haufen von Menschen, von denen du selbst direkt abstammst. Mit diesem lustigen Familien-Mobile erweckst du sie alle sprichwörtlich zu einem neuen Leben.

Du brauchst:

- 3-4 DIN-A4-Bögen festen Karton
- Glas (dessen Boden oder Öffnung etwa 5 cm Durchmesser hat)
- Stift
- Schere
- sieben Holzspieße (etwa 20 cm lang)
- Nähnadel
- dünnen Faden
- Lineal zum Abmessen der Spieße

So geht's:

1. Zeichne 15 Kreise auf den Karton, nimm dabei das Glas als Schablone. Schneide die Kreise dann aus.

2. Jeder Kreis steht für eine Person in deinem Stammbaum – von dir bis zu deinen Urgroßeltern. Wenn du manche Namen und erst recht die Daten nicht weißt: Frage deine Eltern! Bei der Gestaltung der Kreise bist du völlig frei. Du kannst auch kleine Portraits malen oder Fotos aufkleben, wenn es welche gibt.

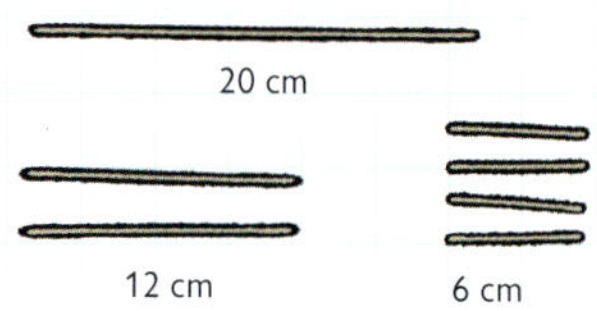

3. Bereite als Nächstes die Aufhängung vor: Schneide von allen Holzspießen die Spitzen ab. Dann kürzt du sie. Du brauchst: einmal 19-20 cm, zweimal 12 cm und viermal 6 cm.

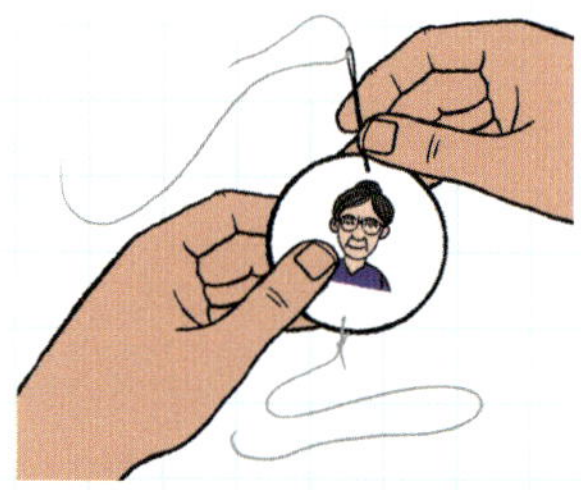

4. Fädle den Faden ins Nadelöhr. Dann nimmst du dir einen der Kreise. Bohre oben mit der Nadel durch den Karton, ziehe den Faden durch und knote ihn fest. Schneide ihn in 10 cm Länge ab. Dasselbe machst du mit den 14 übrigen Kreisen. Alle Kreise außer die mit deinen Urgroßeltern bekommen zudem noch ein 10 cm langes Fadenstück an ihr unteres Ende geknotet.

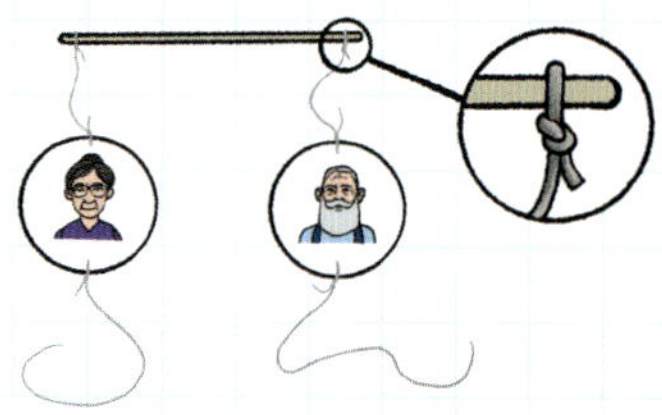

5. Jetzt wird es etwas fummelig! Knote die Kreise jeweils mit dem anderen Fadenende an den Spießen fest. Beginne am besten von unten, also mit den Urgroßeltern. Prüfe zwischendurch immer mal wieder, ob die Spieße waagerecht hängen. Ansonsten musst du die daran hängenden Kreise ein wenig hin und herschieben.

6. Hänge das fertige Kunstwerk an einem Ort auf, wo es sich frei bewegen kann, aber nicht zu viel Luftzug herrscht. Die Familie gerät sonst leicht durcheinander ...

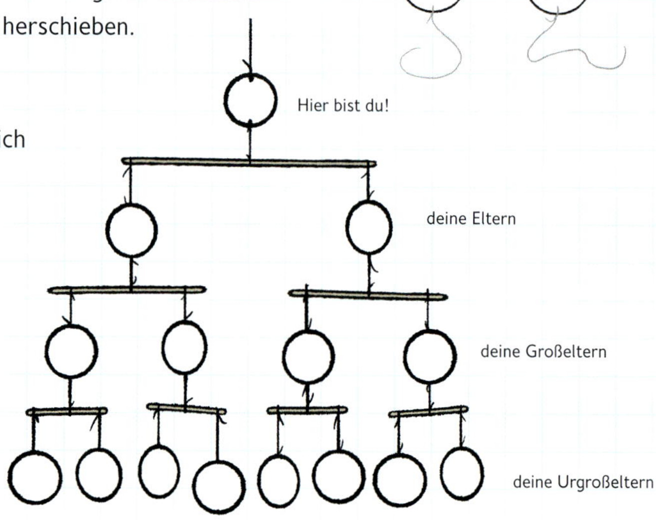

Hintergrund:

Wer bin ich, woher komme ich: Diese Frage stellt sich vermutlich jeder und jede von uns irgendwann oder auch immer mal wieder im Leben. Zumindest auf den zweiten Teil der Frage kann ein sogenannter Stammbaum Antwort geben. Er zeigt, beginnend mit einer Person, deren Nachkommen – von den Kindern über die Enkel- und Urenkelkinder. Die Person am Anfang ist die Urahnin oder der Urahn von allen diesen Nachkommen, meist die oder der älteste bekannte Vorfahr*in. In einem „richtigen" Stammbaum steht der Name dieser Person am Fuß des Baumstammes. Je weiter die Familie wächst, desto mehr Äste und Zweige entstehen. Wenn man das Ganze umdreht, wie bei unserem Familien-Mobile, wo ein einzelner Nachkomme am Anfang steht, sprechen Familienforscherinnen und -forscher nicht mehr von einem Baum, der stünde ja auf dem Kopf. Das hier ist vielmehr eine Ahnentafel.

Doch egal ob Baum oder Tafel, solche Schaubilder wurden schon immer verwendet, um die eigene Abstammung zu beweisen. Etwa in Herrscherfamilien. Deren Familienverhältnisse findest du dann auf Bildtafeln an den Wänden von Burgen oder Schlössern. Der Mensch, dessen Ahnentafel am allerweitesten zurückreicht, ist allerdings nicht herrschaftlicher Abstammung, sondern ein Philosoph: Der chinesische Denker Konfuzius, der um 500 vor Christus lebte, konnte seine Vorfahr*innen sage und schreibe 86 Generationen zurückverfolgen – über mehr als 2.500 Jahre. Zum Vergleich: Dein Mobile zeigt vier Generationen und vermutlich kaum mehr als 100 Jahre!

Ahnentafel des Sigmund Christoph von Waldburg-Zeil-Trauchburg, 1754-1814

Übrigens: Würde man statt einer Ahnentafel den Stammbaum von Konfuzius aufzumalen versuchen, bräuchte man sehr viel Papier. Aktuell leben schätzungsweise drei Millionen Menschen auf der Erde, die von Konfuzius abstammen.

Chronos - der Gott der Zeit

Seit wann gibt es Zeit?

Äon - Gott der Ewigkeit und des Tierkreises

Schon vor Jahrtausenden haben sich die Menschen gefragt, was eigentlich Zeit ist. Praktisch alle Kulturen der Welt kennen dazu irgendeine Geschichte. Für die Menschen im alten Griechenland ist die Sache klar: Es gibt da zwei Götter: Chronos steht für das unaufhörliche Fortschreiten der Zeit, für den Lauf der Dinge. Dem anderen, Äon, verdanken wir die Kreisläufe, das Wiederkehrende. Dass es Jahreszeiten gibt? Äons Verdienst. Nach allem, was wir heute wissen, ist das natürlich Quatsch. Aber es zeigt eines: Schon vor Jahrtausenden haben sich die Menschen gefragt: Zeit – was ist das eigentlich? War sie schon immer da? Oder wann hat sie angefangen?

Mit einem großen Knall ging alles los

Ob Chronos und Äon damit zu tun haben oder der liebe Gott Himmel und Erde schuf: Wenn du so willst, erzählt auch die Naturwissenschaft ihre eigene Version davon. Und die geht so: Nach allem, was wir heute wissen, begann das Universum mit dem sogenannten Urknall – oder „Big Bang" auf Englisch. Kaum vorstellbar, aber die unendlich vielen Sterne und Planeten des Weltalls sind vor ungefähr 13,8 Milliarden aus dem Nichts entstanden. Und auch erst seit diesem Moment läuft die Zeit. Denn vorher war da eben – nichts.

Für unser Verständnis der Welt ist die Zeit eine der grundlegenden Größen: Es gibt eine Vergangenheit, die wir mehr oder weniger genau erforschen und zum Beispiel in Form einer Ahnentafel oder eines Stammbaumes festhalten können. Es gibt das Hier und Jetzt. Und es gibt eine Zukunft, über die sich nur Vermutungen anstellen lassen: Nach Berechnungen des Wetterdienstes wird es am Wochenende regnen. Und wenn nichts dazwischenkommt, steht morgen ein Mathetest auf deinem Stundenplan. Mit Sicherheit wissen wir es aber erst hinterher. Siehe dein Mobile von den vorhergehenden Seiten: Du weißt, wer deine Vorfahr*innen sind – oder kannst es herausfinden. Du weißt noch nichts über deine Kinder und Enkelkinder.

Albert Einstein (1879 - 1955)

Es gibt nicht nur die eine Zeit

Das macht die Zeit für Forschende so besonders: Sie verläuft nur in eine einzige Richtung. Anders als zum Beispiel der Raum, der sich in mehrere Richtungen ausbreitet: oben und unten, vorn und hinten. Seit Albert Einstein, der geniale Physiker, seine Relativitätstheorie Anfang des vergangenen Jahrhunderts entwickelte, wissen wir aber noch mehr: Raum und Zeit hängen miteinander zusammen. Und Zeit verläuft zwar nur in eine Richtung, aber nicht immer gleich. Und damit ist nicht gemeint, dass sie mal unendlich zäh scheint, dann wieder rasend schnell vergeht. Denk an die quälend langen Wochen bis zu deinem Geburtstag – und wie schnell die Party dann vorbei ist. Nein, Einstein hat erkannt, dass sich die Geschwindigkeit der Zeit mit der Geschwindigkeit verändert, mit der wir selbst uns bewegen. Je schneller man ist, desto langsamer verrinnt die Zeit.

Rein theoretisch könntest du nach einer Weltumrundung im Flugzeug schon einen Unterschied feststellen. Praktisch ist dieser Unterschied aber so gering, dass er mit unseren Mitteln nicht messbar ist. Anders ist das zum Beispiel bei den Astronautinnen und Astronauten, die nach mehreren Monaten an Bord der Internationalen Raumstation auf die Erde zurückkehren. Hätten sie eine Atomuhr (siehe *Seite 33*) im Gepäck, also den ultragenausten Zeitmesser, den es gibt, könnte man messen, dass für die Raumfahrenden ein paar Sekundenbruchteile weniger vergangen sind als für uns. Immerhin rast die Station locker 35-mal so schnell durch das All wie ein Verkehrsflugzeug unterwegs ist. Und wenn du noch eine Tube drauflegen könntest, würde auch der Unterschied noch sichtbarer. Nach Einstein würde die Zeit für dich sogar stehenbleiben, sobald du Lichtgeschwindigkeit erreicht hast. Das sind 300.000 Kilometer – in der Sekunde!

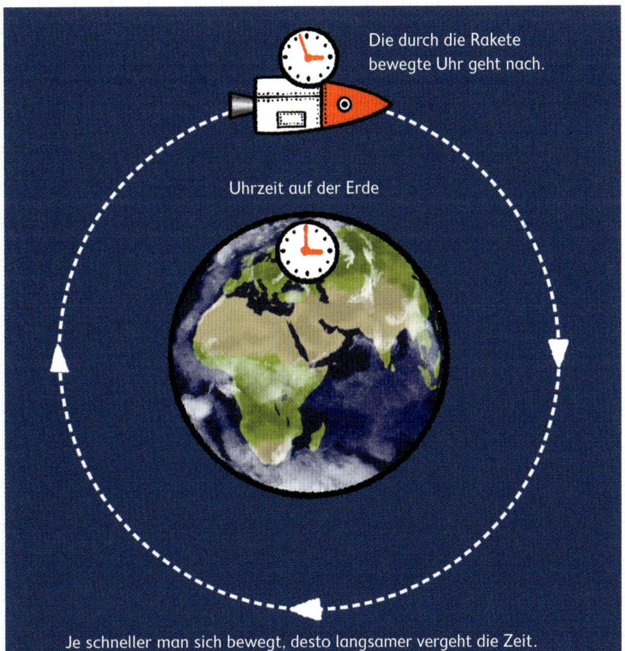

Je schneller man sich bewegt, desto langsamer vergeht die Zeit.

eine Atomuhr

Kurzer Check ✔

Wir steigen einfach ein. Dieses erste Kapitel war knapp und knackig – genau wie die fünf Fragen hier unten. Kannst du sie alle beantworten?

1. Wer hat den längsten Stammbaum?

a. Kaiser Karl der Große
b. der chinesische Philosoph Konfuzius
c. George Washington, der erste Präsident der USA

2. Wer oder was sind Chronos und Äon?

a. zwei Gottheiten bei den Menschen im alten Griechenland
b. So sagen Wissenschaftlerinnen und Wissenschaftler zu Jahrhundert und Jahrtausend.
c. die beiden Katzen von Albert Einstein

3. Wann war der Urknall?

a. Der Urknall kommt nur in der Bibel vor, den hat es nicht gegeben.
b. Das ist so lange her, dass man es nicht mehr sagen kann.
c. vor etwa 13,8 Milliarden Jahren

4. Vergeht die Zeit an Bord einer Raumstation schneller oder langsamer als auf der Erde?

a. schneller
b. langsamer
c. gleich schnell

5. Wie heißen die genauesten Zeitmesser, die es bislang gibt?

a. Atomuhren
b. Protonenuhren
c. Elektronenuhren

1 b) Angeblich reichte die Ahnentafel – es ist strenggenommen gar kein Stammbaum – des Chinesen Konfuzius 86 Generationen und über 2.500 Jahre zurück, mehr dazu ab *Seite 8.* **2 a)** In der Vorstellung der Menschen im alten Griechenland stehen die beiden Gottheiten für die Zeit, mehr dazu ab *Seite 10.*
3 c) Nach allem, was wir heute wissen, fand der Urknall vor 13,8 Milliarden Jahren statt, mehr dazu ab *Seite 10.* **4 b)** Je schneller man sich bewegt, desto langsamer vergeht die Zeit, mehr dazu ab *Seite 10.* **5 a)** Kein von Menschen gebauter Zeitmesser ist genauer als eine Atomuhr, mehr dazu ab *Seite 10.*

2.

Dreht sich die ZEIT im Kreis?

einfach · sehr hoch · nein

Die Bohne der Schöpfung

Du brauchst:

- mindestens eine Buschbohne (gibt es als Saatgut z. B. im Gartenmarkt)
- Glas mit Wasser oder Milch
- Blumentopf und Pflanzenerde
- ein sonniges Plätzchen, Wasser und Geduld

Was gibt es Schöneres, als Schöpfung zu spielen? Du hast vielleicht schon mal im Garten oder auf dem Balkon gegärtnert: Blumen gepflanzt, Kresse ausgesät, Tomaten gezogen. Aber hast du daraus schon mal eine Art ewigen Kreislauf gemacht? Dabei ist das ganz einfach – das richtige Saatgut vorausgesetzt. Kleiner Nebeneffekt: Dabei fällt jede Menge leckeres Gemüse ab, das du verputzen und dabei trotzdem dein Experiment fortsetzen kannst!

So geht's:

1. Lege die Bohne über Nacht in das Glas mit Wasser oder Milch. Durch das Einweichen keimt sie später schneller – und du kürzt dein Experiment gut und gern um eine Woche ab.

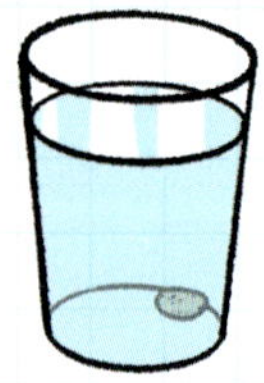

2. Fülle den Blumentopf mit der Erde. Welche Art Erde du benutzt, ist nicht so wichtig. Buschbohnen sind anspruchslos. Hauptsache, es ist warm! Drücke die Bohne etwa drei Zentimeter tief in die Erde und gieße sie vorsichtig mit etwas Wasser.

3. Ab jetzt brauchst du nur noch Geduld zu haben, davon aber eine Menge: Nach ein paar Tagen wird die Bohne keimen, einen ersten grünen Trieb aus der Erde strecken – und ab da in ziemlich flottem Tempo wachsen. Buschbohnen bilden dabei niedrige Büsche, selten höher als dieses Buch. Klar, daher der Name. Und gegenüber anderen Bohnen, die eher zu meterlangen Ranken wachsen, haben sie noch einen großen Vorteil: Sie bestäuben sich selbst. Um also neue Bohnen bilden zu können, muss keine Hummel, kein Schmetterling vorbeikommen. Mit anderen Worten: Geling-Garantie!

4. Schon nach wenigen Wochen bekommt deine Bohnenpflanze Blüten, dann beginnen daraus Hülsenfrüchte zu wachsen. Nach spätestens drei Monaten sind diese reif zur Ernte.

5. Öffne eine der Hülsen. Darin findest du eine Handvoll Samen, also Bohnen – mit denen kann der Kreislauf von vorn beginnen. Und danach wieder und dann wieder …

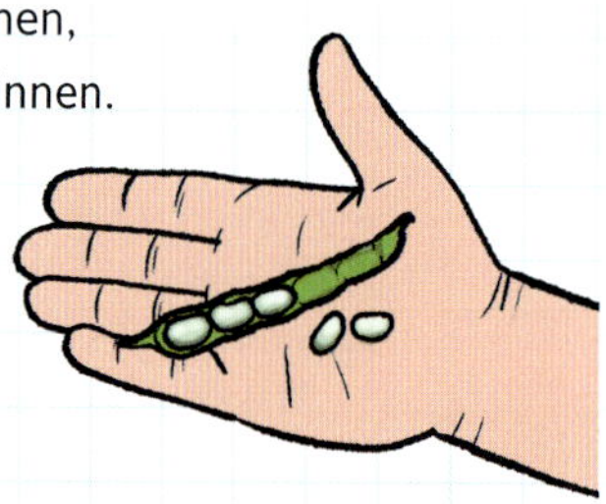

Hintergrund:

Vor spätestens 12.000 Jahren kamen die ersten unserer Vorfahr*innen auf eine bahnbrechende Idee: Statt weiter durch die Natur zu stiefeln, immer auf der Suche nach Essbarem, holten sie sich die Natur einfach vor die Haustür. Sie hatten verstanden, wie Pflanzen entstehen und vergehen – und machten sich dieses Wissen zunutze. Die Entwicklung des Ackerbaus und der Landwirtschaft haben die Menschheitsgeschichte mindestens so stark beeinflusst, wie die Entdeckung des Feuers oder die Erfindung des Computers.

Es entstand ein endloser Kreislauf: Im Frühling wird gesät, im Sommer wachsen die Pflanzen, der Herbst ist Erntezeit. Statt alles aufzuessen, werden ein paar Früchte und Samen über den Winter aufgehoben – um sie im folgenden Frühjahr wieder auszusäen. Im Bohnenexperiment geht das sozusagen im Zeitraffer!

Ein lebenswichtiger Kreislauf

Cheops-Pyramide

Pyramiden von Gizeh in Ägypten

Sand, Geröll und Felsen soweit das Auge reicht: Ägypten, im Nordosten Afrikas gelegen, besteht zu 95 Prozent aus Wüste. Trotzdem entstand hier nicht nur vor mehr als 5.000 Jahren eine der ersten und am höchsten entwickelten Kulturen der Welt – sondern auch eine der langlebigsten: Abgesehen von ein paar kleinen Unterbrechungen endete die Herrschaft der Pharaonen, wie die Könige Ägyptens genannt werden, erst nach rund 3.000 Jahren – eine unvorstellbar lange Zeit. Und das in einer Weltgegend, die dazu alles andere als geeignet erscheint. Siehe oben: 95 Prozent Wüste.

Hochwasser und ganz viel Schlamm

Entscheidend sind tatsächlich die übrigen fünf Prozent. Denn die werden bis heute von einer einzigartigen Lebensquelle gespeist, dem Nil, einem der längsten Flüsse der Erde. Jedes Jahr im späten Frühling gehen Tausende Kilometer weit im Süden, wo der Nil entspringt, heftige Regengüsse nieder. Ihr Wasser sammelt sich im Nil und seinen Zuflüssen und fließt wie eine riesige Welle nordwärts. Dabei durchquert sie ganz Ägypten einmal der Länge nach und bringt dabei jede Menge fruchtbaren Schlamm mit sich, ein einmalig guter Dünger.

Schon früh entwickelten die Menschen ein ausgefeiltes System aus Kanälen, Dämmen und Becken, mit denen es ihnen gelang, das lebensbringende Wasser über Monate zu speichern und die Felder damit zu bewässern. Sie waren damit so erfolgreich, dass die Bauern am Nil nicht nur locker die Abermillionen Menschen ernähren konnten, die in Ägypten lebten. Nach dem Ende der Pharaonenzeit, als das Land von den Römern erobert wurde, galt Ägypten gar als Kornkammer des Römischen Reiches. Allein in Rom selbst, damals schon eine Millionenstadt, wurde jedes dritte Brot aus ägyptischem Getreide gebacken!

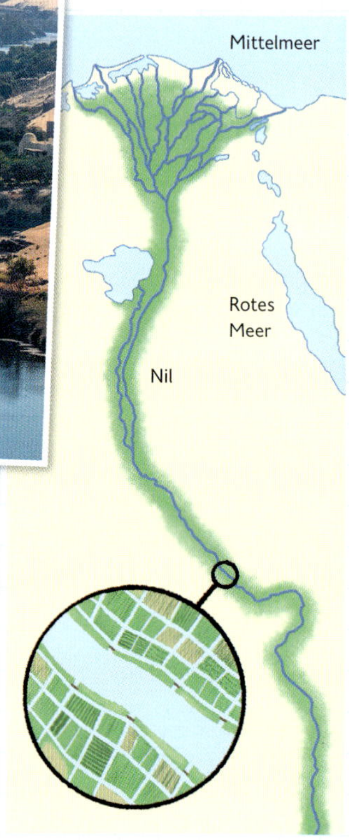

fruchtbares Land am Nil mit Kanälen und Dämmen

Ägypten von oben

Die Flut-Vorhersage

Damit das alles funktionierte, war neben dem ausgeklügelten System der Kanäle und Dämme vor allem eines wichtig: das Wissen darum, wann die nächste Flut kommt. Priester und Gelehrte beobachteten die Veränderungen des Flusses genau, sie verglichen sie mit dem Stand der Sterne, der Länge der Tage. Irgendwann hatten sie das Muster erkannt und konnten so ziemlich präzise vorhersagen, wann die fruchtbare Flut heranrauschen würde. Schließlich richteten die Menschen in Ägypten sogar ihren Lebensrhythmus daran aus: Mit der Nilschwemme begann das neue Jahr, dessen erster Monat Sopdet geweiht war – der ägyptischen Göttin der Fruchtbarkeit, Wiedergeburt und des Ursprungs der Welt. Denn dass sie das segensreiche Wasser den starken Niederschlägen weit im Süden zu verdanken hatten, war damals nicht bekannt. Es galt als ein Geschenk der Götter. Aber da waren sie nicht anders als die Menschen in so ziemlich jedem anderen Teil der Erde.

Seit unsere Vorfahr*innen vor spätestens 12.000 Jahren sesshaft geworden waren und Felder und Äcker bestellten, um sich von deren Früchten zu ernähren, waren sie darauf angewiesen, die Veränderungen des Wetters und des Klimas möglichst genau vorhersagen zu können. Der richtige Zeitpunkt zum Aussäen, Anpflanzen und Ernten war überlebenswichtig.

ägyptische Göttin Sopdet

Schon sehr früh haben die Menschen dabei verstanden, dass die Natur einen immerwährenden Kreislauf vollführt, der sich regelmäßig wiederholt. Dieser Kreislauf ist das, was wir heute ein Jahr nennen. Wie man es uns eben beigebracht hat. Die Leute mussten aber erstmal darauf kommen, dass der Stand der Sonne und die Länge der Tage sich verändern – und dass man durch genaue Beobachtung herausfinden kann, in welchem Rhythmus. Aus diesen Beobachtungen entstanden irgendwann die ersten Kalender.

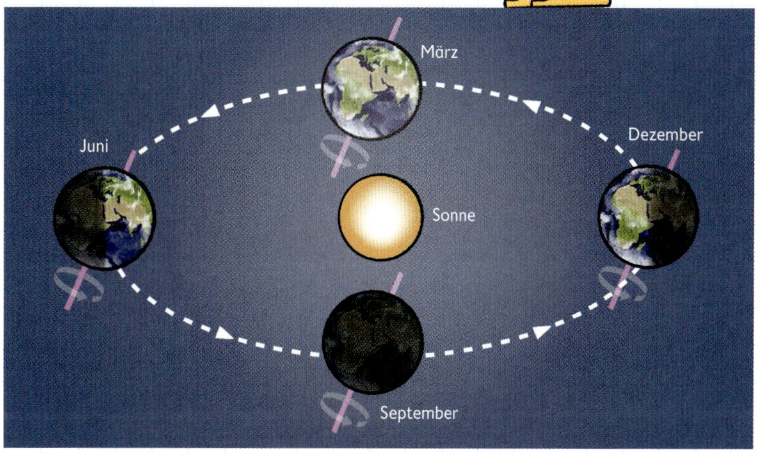

unsere Jahreszeiten

★★ mittel · mittel · nein

Du brauchst:

- zwei DIN-A4-Bögen festes Papier
- Bleistift
- Butterbrotpapier zum Abpausen der Bauteile (s. *Seite 20-21*)
- Filzstift
- Schere
- Musterklammer
- etwas Schnur zum Aufhängen

Ein Kalender für die Ewigkeit

Wie viele Wochen hat ein Jahr? Teile die 365 Tage durch 7. Ergebnis: 52, Rest: 1. Es sind also 52 Wochen – und ein Tag bleibt übrig. Von Jahr zu Jahr verschiebt sich also etwas. Hattest du beim letzten Mal an einem Mittwoch Geburtstag, ist es beim nächsten Mal ein Donnerstag. Gut zu wissen – und ansonsten nicht weiter schlimm. Im Gegenteil: Die Hersteller*innen von Kalendern freuen sich zum Beispiel darüber. So können sie uns jedes Jahr neue verkaufen. Das willst du nicht? Hier ist die Lösung.

So geht's:

1. Pause alle vier Kalenderteile von der folgenden Doppelseite (*Seite 20-21*) ab. Am einfachsten geht das, wenn du alle Linien erst einmal mit Butterbrotpapier durchpaust. Dann schneidest du deine Vorlagen aus und verwendest sie als Schablone für deine eigenen Teile.

2. Die Beschriftungen für die Tage und Monate zeichnest du mit dem Filzstift nach – in Schönschrift, die sollen ja gut leserlich und hübsch anzusehen sein.

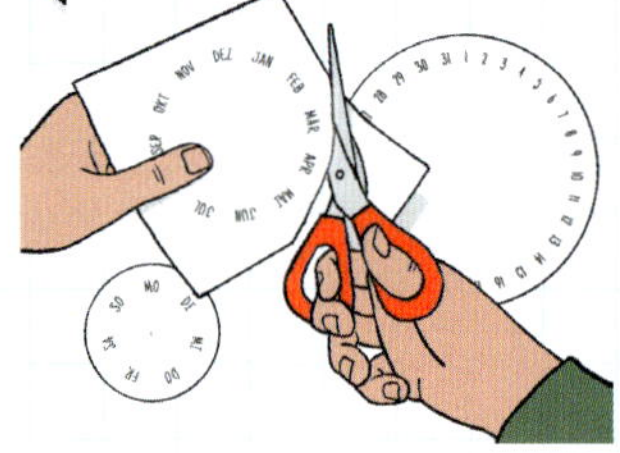

3. Dann schneidest du die vier Teile mit der Schere entlang der durchgezogenen Linien aus. Vergiss dabei nicht die drei kleinen Fenster in Teil D.

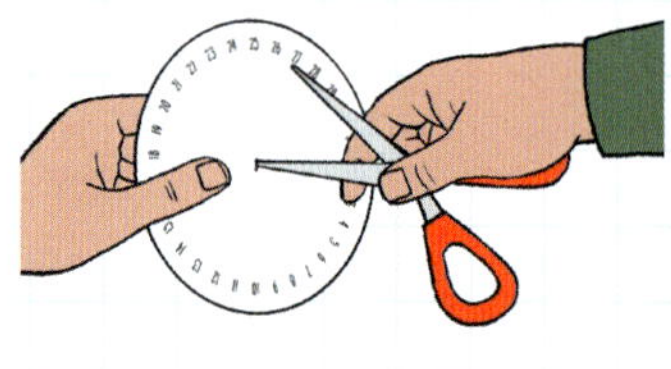

4. Bohre mit der Scherenspitze an der jeweiligen Markierung ein kleines Loch in die Mitte jedes Kreises (Teile A, B und C) und auch ans obere und untere Ende von Teil D.

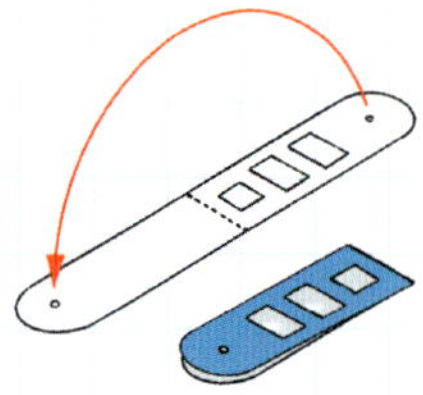

5. Halbiere Teil D, indem du es entlang der gestrichelten Linie faltest.

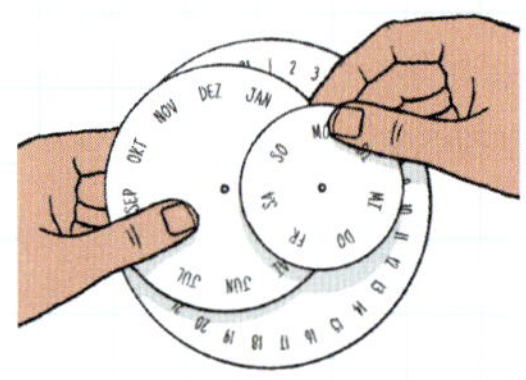

6a

6. Lege die drei Kreise übereinander, den größten (Teil A) zuunterst, den kleinsten (Teil C) oben (a). Dann legst du die obere Hälfte von Teil D oben auf den kleinsten Kreis und klappst die andere Hälfte von D nach hinten, unter den größten Kreis (b) und fügst alles mit der Musterklammer zusammen (c).

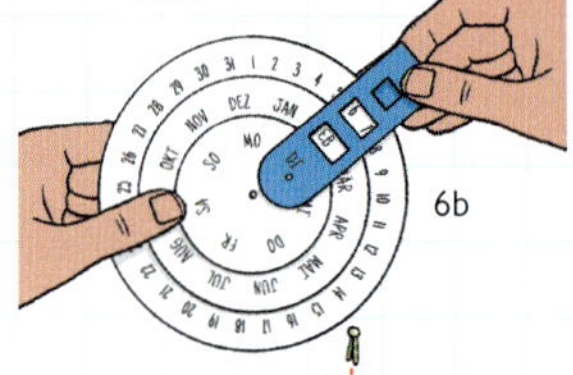

6b

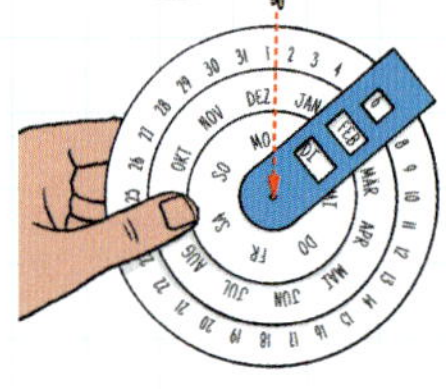

6c

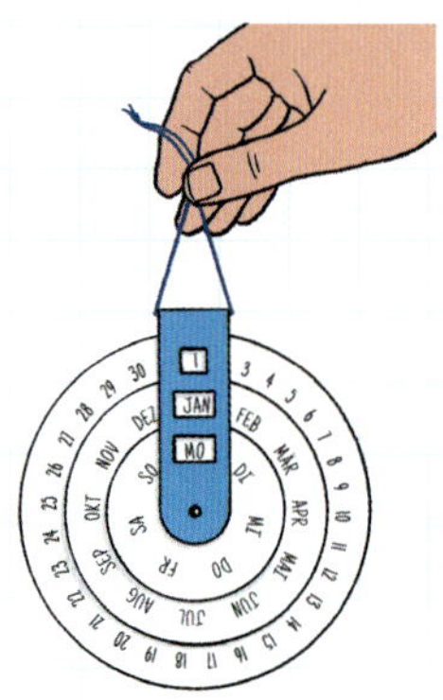

7. Um das Ganze aufzuhängen, fädelst du das Stück Schnur zwischen den beiden Hälften von Teil D hindurch und machst einen Knoten. Und schon kann es losgehen: An den Ringen kannst du nun Tag für Tag den Wochentag und das Datum einstellen. Und zwar jedes Jahr aufs Neue!

Hintergrund:

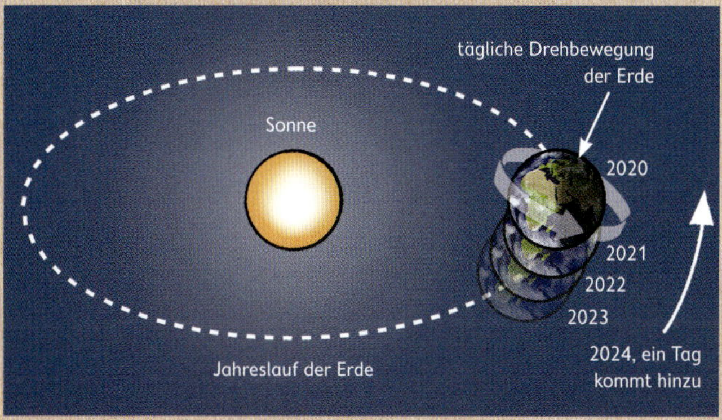

Warum ist das eigentlich so, warum passen die Wochen nicht genau ins Jahr? Und warum sind selbst die Monate unterschiedlich lang? 365 Tage sind ziemlich genau die Zeit, die unsere Erde benötigt, um einmal um die Sonne zu wandern. Ein Monat dagegen ist ungefähr die Zeit von einem Vollmond bis zum nächsten, bis also der Mond die Erde einmal umrundet hat. Dieser Umlauf wird in vier Abschnitte geteilt: Vollmond – abnehmender Halbmond – Neumond – zunehmender Halbmond. Zwischen diesen Abschnitten liegt jeweils ungefähr eine Woche.

Aber eben nur ungefähr. So wie die Erde eben auch nur ziemlich, aber nicht ganz genau 365 Tage benötigt, die Sonne zu umrunden. Um letzteres auszugleichen, wird ab und zu ein zusätzlicher Tag eingefügt. Alle vier Jahre gibt es daher einen 29. Februar. Und ein Erdumlauf des Mondes dauert eben nicht genau vier Wochen, sondern 29,53 Tage – also fast so lange wie eben ein Monat ist. Klingt hakelig? Stimmt! Ist aber das beste System, das sich die Menschheit bislang ausgedacht hat. Aber längst nicht das einzige, wie du auf den folgenden Seiten erfahren wirst.

Abpausvorlage für deinen Kalender

C

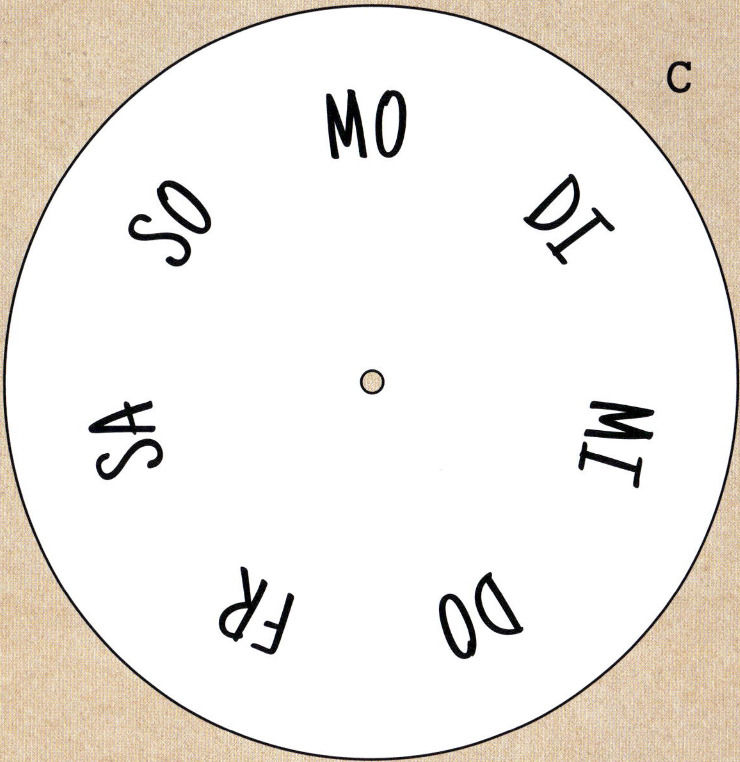
MO
DI
MI
DO
FR
SA
SO

D

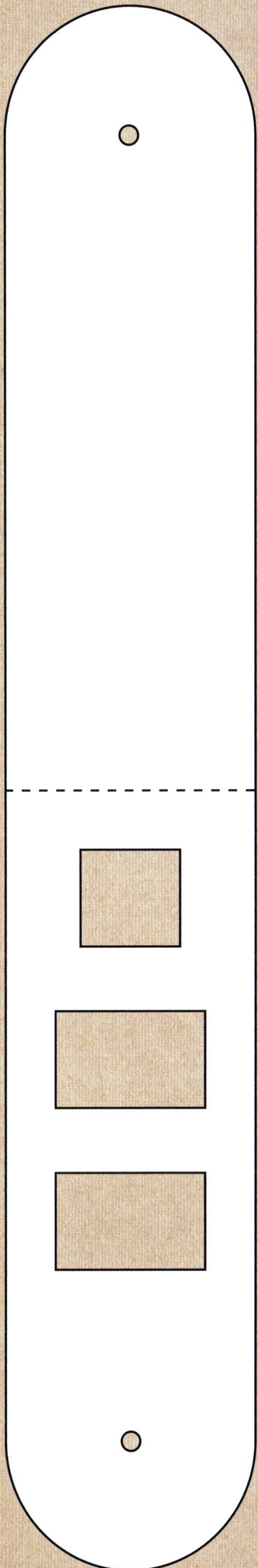

B

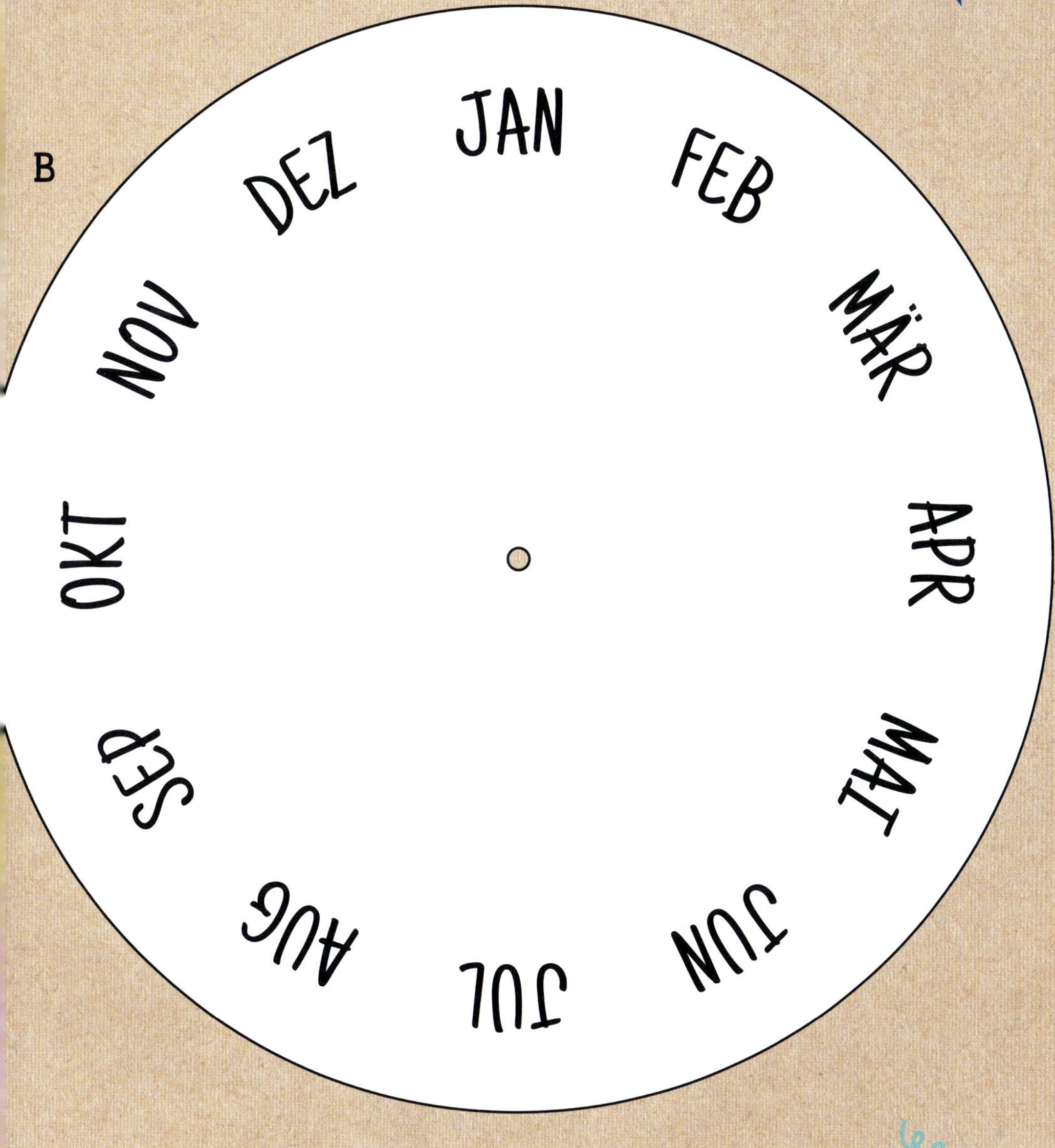
JAN
FEB
MÄR
APR
MAI
JUN
JUL
AUG
SEP
OKT
NOV
DEZ

Wie lang ist ein Jahr?

Papst Gregor XIII., Namensgeber des gregorianischen Kalenders

Als die Menschen in weiten Teilen Europas am Morgen des 15. Oktober des Jahres 1582 aufwachten, waren zehn Tage vergangen, seit sie ins Bett gegangen waren. War der Kontinent damals ausschließlich von Schlafmützen bewohnt? Natürlich nicht. Etwas ganz anderes war geschehen. Auf Befehl des Papstes Gregor XIII. wurden die zehn Tage schlicht und einfach gestrichen.

Aber von vorn: Nachdem die Menschen immer besser darin geworden waren, den Kreislauf der Natur zu beobachten, zu vermessen und damit auch Vorhersagen etwa über das ideale Erntedatum oder die voraussichtliche Ankunft der nächsten Nilschwemme zu machen, fingen sie an, ein System zu entwickeln, in das man diesen Kreislauf irgendwie zwingen konnte. Mit anderen Worten: einen Kalender.
Die ersten waren dabei neben den Ägypter*innen, die du schon kennengelernt hast, die Menschen in Babylonien. Das lag in etwa dort, wo sich heute der Irak befindet. Anhand der Bewegung der Sterne und der Sonne hatten sie herausgefunden, dass ein Jahr ziemlich genau 365 Tage lang ist. Nicht nur das: Sie hatten sogar schon früh festgestellt, dass es sich eben nur um ein „ziemlich genau" handelt. Tatsächlich dauert es ein paar Stunden länger, bis die Erde die Sonne genau einmal umrundet hat. Also fügten sie zum Ausgleich alle vier Jahre einen zusätzlichen Tag ein.

Gaius Julius Cäsar, Namensgeber des julianischen Kalenders

Der Papst verbessert den Feldherrn

Einen solchen Schalttag gab es auch im julianischen Kalender, der auf den römischen Feldherrn Gaius Julius Cäsar zurückgeht. Er wurde im Jahr 45 vor Christus im Römischen Reich eingeführt – und galt in weiten Teilen Europas noch lange, nachdem dieses Reich längst untergegangen war. Nämlich bis 1582.

In den mehr als 1.600 Jahren seit seiner Einführung hatte sich herausgestellt: Cäsars Kalender war gut. Aber nicht perfekt. Durch den Schalttag alle vier Jahre war ein einzelnes Jahr im Durchschnitt 365,25 Tage lang. Heute weiß man aber, dass das tatsächliche Sonnenjahr ganz genau 365,2422 Tage dauert. Davon wich Cäsars Kalender folglich Jahr um Jahr ungefähr elf Minuten ab.

Elf Minuten? Na und, könntest du zu Recht einwenden. Allerdings kommt da in 1.600 Jahren doch einiges zusammen. So viel nämlich, dass schon Papst Gregor XIII. und seinen Zeitgenossen auffiel, dass hier etwas nicht mehr stimmte – obwohl sie damals natürlich noch nicht die Technik hatten, die Bewegung der Sterne und der Sonne so genau zu vermessen, wie wir das heute können. Um die Abweichung, die seit Cäsars Zeiten aufgelaufen war, wieder auszugleichen, ließ Gregor also kurzerhand zehn Tage streichen – und ab da galt ein neuer, sein gregorianischer Kalender. In diesem fällt das Schaltjahr – mit wenigen Ausnahmen – alle Hundert Jahre aus, was weitestgehend genügt, um Cäsars Ungenauigkeit zu korrigieren.

Warum wir nicht alle im selben Jahr leben

Ende der Geschichte? Natürlich nicht. Zum einen, weil der gregorianische Kalender bis heute nicht überall gilt. Viele Länder vor allem im Osten Europas haben noch bis ins 20. Jahrhundert hinein am julianischen Kalender festgehalten. Und in anderen Weltgegenden galten und gelten gleich ganz andere Systeme. Das zeigt sich dann nicht nur daran, dass man sich dort nicht im Jahr Zweitausendirgendwas nach Christi Geburt befindet. Sondern zum Beispiel im Jahr Fünftausendirgendwas – weil im Judentum ab dem Zeitpunkt gemessen wird, an dem Gott die Erde erschaffen haben soll. Oder im Jahr Eintausendvierhundertirgendwas, weil die Zeitzählung im Islam mit dem Jahr beginnt, in dem der Prophet Mohammed, der Begründer des Islams, von Mekka nach Medina zog. Und hier kommt noch etwas hinzu: Ein Jahr dauert im islamischen Kalender nur etwa 354 Tage, es ist also anderthalb Wochen kürzer als bei uns. Wie kann das sein? Natürlich dreht sich die Erde immer gleich schnell um die Sonne, egal, von wo man guckt. Aber die Sonne spielt in diesem Fall keine Rolle. Der islamische ist nämlich kein Sonnen-, sondern ein sogenannter Mondkalender. Er besteht aus genau zwölf Monaten.

Moment mal, das ist bei uns doch haargenau so, oder nicht? Ja und nein! Ursprünglich verstand man unter einem Monat nämlich genau die Zeit von einem Vollmond bis zum nächsten. Das dauert 29,53 Tage. Zwölfmal das Ganze ergibt jedoch nur 354,36 Tage – weshalb Julius Cäsar und Papst Gregor für ihre Kalender sich vom Mond nur den Namen Monat geliehen haben, die Zeitdauer aber, außer im Februar, auf 30 oder gar 31 Tage verlängert haben. Hier musste sich sozusagen der Mond der Sonne unterordnen. Im islamischen Kalender nicht.

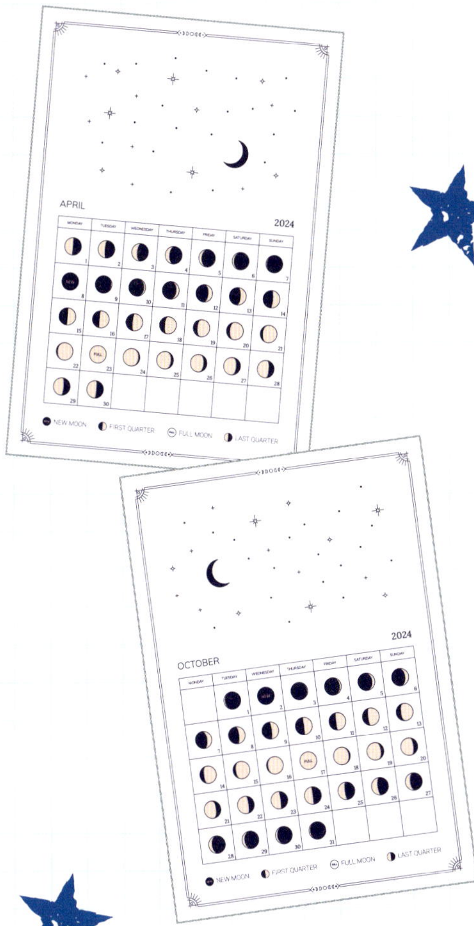

Mondkalender

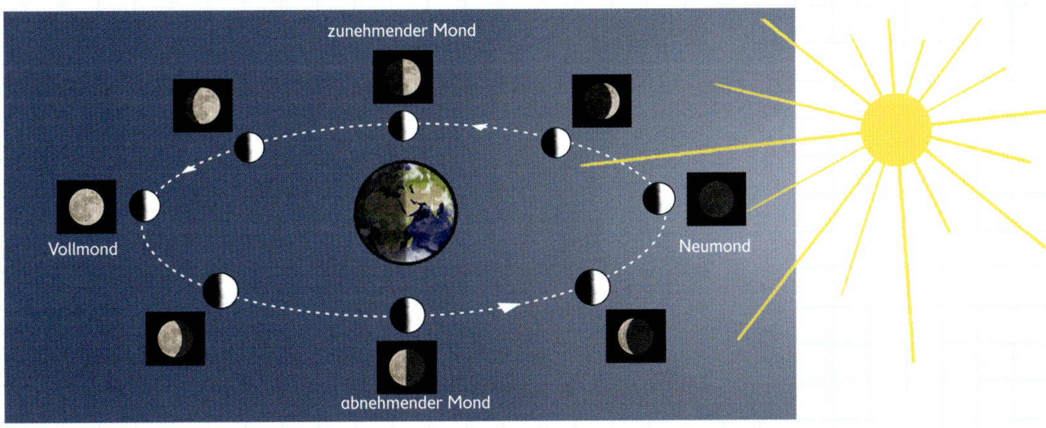

Mondphasen im Laufe eines Monats

Übersicht der Zeitrechnung in den Religionen

Religion	Startpunkt im Verhältnis zur christlichen Zeitrechnung	Das Jahr 2024 entspricht in den Religionen also:
Christentum	das Jahr 0	dem Jahr 2024
Islam	622 n. Chr.	dem Jahr 1445/1446
Judentum	3761 v. Chr.	dem Jahr 5784/5785
Buddhismus	543 v. Chr.	dem Jahr 2566/2567
Hinduismus	Im Hinduismus existieren verschiedene Zeitrechnungen mit verschiedenen Startpunkten.	

mittel | mittel | ja

Steter Tropfen misst die Zeit

Sanduhren kennst du mit Sicherheit. Manche stellen sie sich zum Zähneputzen ans Waschbecken. In der Sauna messen sie die Aufenthaltsdauer und bei manchem Spiel die Bedenkzeit. Das alles geht übrigens auch mit Wasser – wie die Menschen im alten Ägypten schon vor Jahrtausenden wussten. Hier ein einfaches Modell zum Nachbauen.

Du brauchst:

- eine leere 1,5 Liter-PET-Flasche mit Schraubverschluss
- Schere
- Hammer und dünnen Nagel
- Kork- oder Holz-Untersetzer
- wasserfesten Stift
- Wasser
- eine Stoppuhr

So geht's:

1. Schraube den Verschluss von der Flasche. Nimm Hammer und Nagel und schlage damit ein kleines Loch hinein. Du kannst dir dabei von einem Erwachsenen helfen lassen. Wichtig ist in jedem Fall, dass du etwas unterlegst, am besten einen dickeren Kork- oder Holz-Untersetzer. Das Loch soll ja nur im Deckel sein, nicht in deinem Schreibtisch.

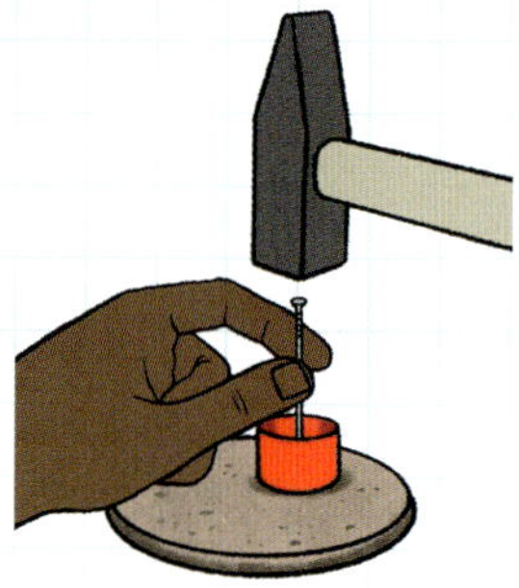

2. Schraube den Deckel wieder auf die Flasche und schneide diese dann in zwei ungefähr gleich große Hälften. Auch hier kannst du dir von einer erwachsenen Person helfen lassen.

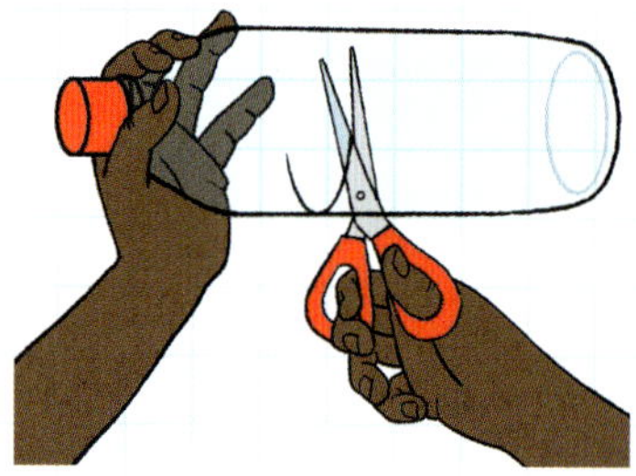

3. Mach einen Testlauf mit dem umgedrehten Oberteil: Gieße Wasser hinein und beobachte, wie schnell es durch das Loch im Deckel heraustropft. Wenn nichts passiert, musst du das Loch etwas vergrößern.

4. Stecke das Oberteil verkehrt herum ins Unterteil.

5. Zeichne an das Oberteil der Flasche, die als Trichter dient, ungefähr zwei Zentimeter vom oberen Rand eine waagerechte Linie an. Das ist die Markierung, bis zu der du deine Uhr befüllst.

6. Bevor du das aber tust, lege den Stift und die Stoppuhr bereit. Starte die Stoppuhr im selben Moment, in dem du bis zur Markierung Wasser einfüllst. Zeichne mit dem Stift alle 30 Sekunden an, wie hoch das Wasser jeweils im unteren Teil der Uhr gestiegen ist.

7. Jetzt ist deine Wasseruhr kalibriert, also eingestellt. Du kannst sie nun verwenden, um damit eine Zeitdauer zu bestimmen. Etwa die drei Minuten, die du Zähne putzen sollst. Oder wie lange das Frühstücksei kochen soll, damit es genau so wird, wie du es am liebsten magst.

Klepsydra

Hintergrund:

Wasseruhren gehören zu den ältesten Zeitmessern, die sich die Menschen ausgedacht haben. Auf einer 3.500 Jahre alten Grabinschrift im alten Ägypten wird behauptet, der Verstorbene, ein Mann namens Amenemhet, habe für seinen König eine Wasseruhr entwickelt, die zu jeder Tages- und sogar Jahreszeit richtig gehen würde. Ein einfacheres Modell, das unserem hier ähnelt, kannten spätestens die Menschen im alten Griechenland im 4. Jahrhundert vor Christus. Sie gaben ihm den lustigen Namen Klepsydra – auf Deutsch: Zeitdieb. Zum Einsatz kam ein solcher Apparat zum Beispiel, um die Redezeit bei Gerichtsprozessen zu messen. Eine Klepsydra war damals noch aus Ton gefertigt, Plastikflaschen gab es nicht. Was allerdings im alten Griechenland wie heute galt: So gaaaaanz genau waren die Wasseruhren selten. Nicht nur läuft das Wasser unterschiedlich schnell ab, je nachdem, wie viel noch vorhanden ist. Das hast du sicher auch bei deiner eigenen festgestellt – und die Markierungen entsprechend angebracht. Die Geschwindigkeit hängt auch von der Temperatur ab. Grob gesagt: Je wärmer Wasser ist, desto dünnflüssiger. Im Sommer kommst du folglich mit kürzerem Zähneputzen davon als im Winter.

Kurze Stunden, lange Stunden

Nochmal zum Mitschreiben: Ein Jahr dauert so lange, wie die Erde benötigt, um einmal auf ihrer Umlaufbahn die Sonne zu umrunden. Ein Monat, jedenfalls grob, entspricht der Zeit zwischen zwei Vollmonden – was nichts anderes ist, als die Zeit, die der Mond braucht, um einmal die Erde zu umkreisen. Und schließlich gibt es Tag und Nacht. Die entstehen natürlich, weil die Erde sich ja außerdem noch die ganze Zeit um ihre eigene Achse dreht und daher immer nur Teil ihrer Oberfläche von der Sonne beschienen wird, während der Rest im Dunkeln liegt. Das sind die ewigen Kreisläufe, daran können wir nichts ändern. Immerhin haben wir sie im Laufe ihrer Beobachtungen verstanden und Kalender entwickelt, die weitgehend mit diesen Rhythmen der Natur zusammenpassen.

Aber schon früh gab es Menschen, denen hat das nicht genügt. Ein Tag? Kann ganz schön lang sein, wenn man auf seine Verabredung wartet, weil es keine genauere Zeitangabe gibt. Klar, man konnte es immer mit so etwas versuchen wie „beim ersten Hahnenschrei“ oder „wenn die Sonne am höchsten steht“ oder „wenn der Mond aufgeht“. So lief das auch jahrtausendelang. Aber das ist, wie du zugeben musst, ziemlich grob und ungenau.

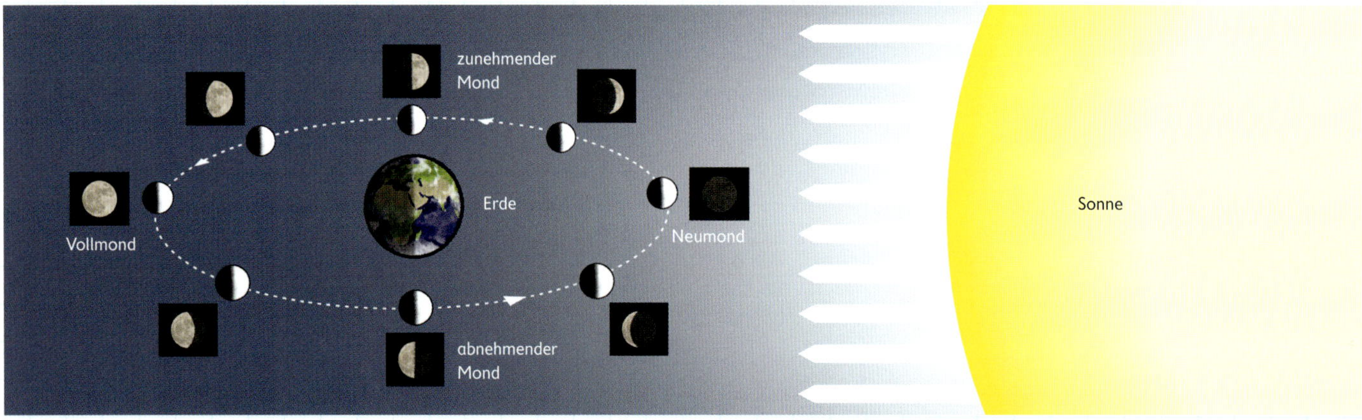

Zweimal zwölf oder einmal 24?

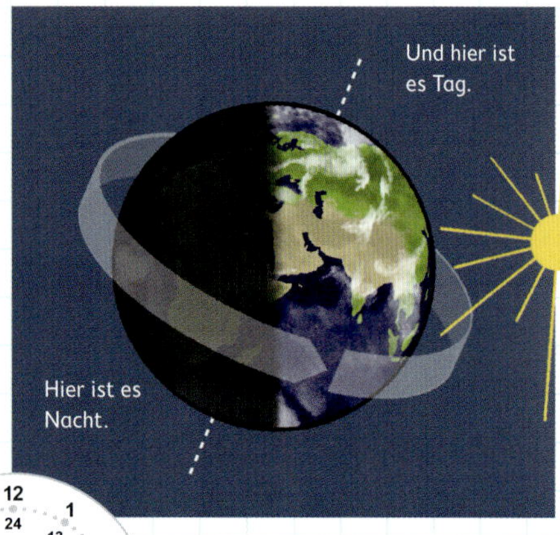

Vermutlich waren es wieder mal die Menschen im alten Ägypten, die nicht nur anfingen, Tag und Nacht in Stunden zu unterteilen – sondern von denen wir auch das Duodezimalsystem geerbt haben. Duodezimal bedeutet, dass nicht – wie bei uns heute sonst üblich – in Zehnerschritten gerechnet wird, sondern in Zwölferschritten.
Die ägyptische Einteilung in zwölf Tages- und zwölf Nachtstunden wurde später von den Menschen im alten Griechenland und danach den Römer*innen übernommen. Das System hatte allerdings eine entscheidende Schwäche. Wie du sicher weißt, sind die Tage im Sommer länger als im Winter. Die Folge: Bei unseren Vorfahr*innen war eine Nachtstunde im Sommer viel kürzer als im Winter, bei den Tagesstunden war es umgekehrt. Die Länge schwankte zwischen 30 und 90 Minuten.

Uhr mit zwölf Tages- und zwölf Nachtstunden

Statue von Abu Raihan al-Biruni (973-1048)

Da nutzte es auch wenig, dass es Minuten damals noch gar nicht gab. Dass eine Stunde 60 Minuten hat und eine Minute aus 60 Sekunden besteht, hat sich vermutlich erst im 11. Jahrhundert nach Christus ein persischer Gelehrter namens Abu Raihan al-Biruni ausgedacht. Das ist aber auch nicht schlimm. Selbst zu al-Birunis Zeiten gingen die meisten Uhren, die sich die Menschen bis dahin ausgedacht hatten, ohnehin noch nicht genau genug. Aber dazu später mehr. Es waren jedenfalls schon die Menschen in Griechenland, die vorschlugen, statt zweimal zwölf vielleicht lieber einmal 24 Stunden zu messen – die dann nämlich immer gleich lang sind. Und deren Zählung heute auch nicht mehr bei Tagesanbruch beginnt, sondern mitten in der Nacht: Null Uhr, die Geisterstunde, ist der Beginn eines jeden Tages.

Auch wenn lange Zeit beide Zählweisen nebeneinander bestanden, setzte sich der 24-Stunden-Tag immer weiter durch, je wichtiger nämlich die genaue Zeitmessung wurde. Da ging es zum einen um den Glauben. Es ist kein Zufall, dass die ersten öffentlichen Uhren Europas an Kirchtürmen hingen: So wusste jeder Mann und jede Frau, wann es Zeit fürs nächste Gebet ist. Auch für die Wissenschaft ist eine verlässliche Zeiteinteilung wichtig. Ohne eine genaue Skala, anhand der du die Zeit messen kannst, wäre ja auch deine Wasseruhr vielleicht hübsch anzusehen – aber ziemlich nutzlos. Und schließlich war sie auch ein Herrschaftsinstrument: Kaiser und Könige diktierten ihren Untertan*innen die Zeit und bestimmten, wer was wann zu tun hatte.

Gibt die Uhr den Takt vor?

Ständig auf die Uhr gucken, von einem Termin zum nächsten hetzen: Das kennst du vielleicht auch. Das ist inzwischen noch viel mehr so, als es in früheren Jahrhunderten der Fall war. Nicht wenige Menschen haben heute das Gefühl, dass ihr Leben von ihren Terminkalendern und dem Wecker bestimmt wird. Und es ist ja auch oft so. Da ist es wenigstens ein bisschen tröstlich zu wissen, dass auch dieses Gefühl schon eine lange Geschichte hat:

Als im altem Rom vor über 2.000 Jahren die erste öffentliche Sonnenuhr aufgestellt wurde, gab es Menschen, die sie am liebsten gleich wieder abbauen wollten, notfalls mit Gewalt. Warum, sagten sie, soll ich nicht essen, wenn mein Magen knurrt oder schlafen, wenn mir die Augen zufallen. Warum soll ich mich zum Sklaven des Uhrzeigers machen?

Blick auf den Petersplatz und den Vatikan mit Rom im Hintergrund

Sonnenuhr mit römischen Ziffern

Kurzer Check ✔

Griechische Uhren, ägyptische Göttinnen: Wenn du das Kapitel halbwegs aufmerksam gelesen hast, sind diese Fragen natürlich ein Klacks für dich!

1. Wofür war die ägyptische Göttin Sopdet zuständig?

a. für Fruchtbarkeit und Wiedergeburt
b. für die heiligen Sonnenuhren des Pharaos
c. für ewiges Leben

2. Warum fehlten dem Jahr 1582 zehn Tage?

a. weil das Vorjahr versehentlich zehn zu viel hatte
b. Das ist in der Forschung bis heute umstritten.
c. wegen der Einführung eines neuen Kalenders

3. Wie lang ist – genau genommen – ein Monat?

a. 30 Tage
b. 31 Tage
c. 29,53 Tage

4. Welchen Namen gaben die Menschen im alten Griechenland ihren Wasseruhren?

a. Tropfenzähler
b. Zeitdieb
c. Stundentopf

5. War bei den Römer*innen jede Stunde gleich lang?

a. nein
b. ja
c. zum Teil

1 a) Sopdet stand im Glauben der Menschen im alten Ägypten für Fruchtbarkeit und Wiedergeburt. Daher war ihr der erste Monat des ägyptischen Kalenders gewidmet, der mit der Nilschwemme begann, mehr dazu ab *Seite 16.* **2 c)** 1582 wird in Europa der gregorianische Kalender eingeführt. Er korrigiert einen Messfehler aus den vorhergehenden 1.600 Jahren, mehr dazu ab *Seite 22.* **3 c)** Ein Monat bezeichnet genau genommen die Zeit zwischen zwei Vollmonden. Sie beträgt 29,53 Tage, mehr dazu ab *Seite 22.* **4 b)** Klepsydra bedeutet übersetzt Zeitdieb, mehr dazu ab *Seite 24.* **5 c)** Die Römer*innen teilten sowohl den Tag als auch die Nacht in zwölf Stunden. Je nach Jahreszeit waren die jeweils länger oder kürzer, mehr dazu ab *Seite 26.*

3.

Wie spät ist es eigentlich?

einfach hoch nein

Du brauchst:

- Pappteller
- Lineal und Stifte
- Bleistift
- ein Stück Knetmasse
- Kompass
- Uhr

Mittagspause mit Schattenwerfer

Eigentlich ist es natürlich komplett dir überlassen, wann und wo du eine Anleitung aus diesem Buch ausprobierst, ein Experiment machst. In diesem Fall jedoch nicht. Es ist nämlich überaus sinnvoll, deinen Sonnenuhrbau um zirka halb zwölf am Vormittag zu beginnen – und an einem Ort, der den ganzen Tag Sonne abbekommt. Denn ohne sie funktioniert eine Sonnenuhr so wenig wie eine Sanduhr ohne Sand.

So geht's:

1. Der Boden des Papptellers wird das Zifferblatt deiner Sonnenuhr. Male zunächst aber nur die 12 an den Rand – die anderen Zahlen folgen in den kommenden Stunden. Bestimme mithilfe des Lineals die Tellermitte so genau wie möglich.

2. Dort piekst du mit dem Bleistift ein Loch hinein, so groß, dass der Stift gerade eben hindurchpasst.

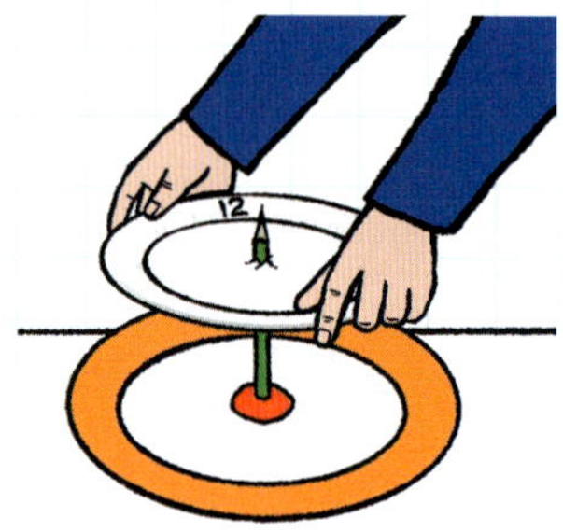

3. Deine Uhr braucht jetzt einen festen Untergrund. Das kann ein Tisch sein oder eine Mauer. Gibt es das nicht an dem sonnigen Ort, den du ausgewählt hast, kann du auch ein Brett oder einen großen Teller zu Hilfe nehmen. Hierauf drückst du die Knetmasse, in die du dann den Bleistift mit seinem stumpfen Ende steckst, sodass er aufrecht steht. Das ist dein Gnomon, dein Schattenzeiger. Darauf steckst du dein Zifferblatt.

4. Zeit für den Kompass: Finde mit seiner Hilfe heraus, wo Norden ist. Neige den Gnomon – also deinen Bleistift – leicht in diese Richtung. Schau auf die Uhr: Wenn es zwölf ist, drehst du das Zifferblatt so, dass der Schatten des Gnomon genau auf die aufgemalte 12 fällt. Dann hast du erstmal Pause, denn ...

5. ... ab jetzt musst du nur einmal in der Stunde nach deiner Uhr sehen. Am besten, du stellst dir einen Wecker: Kontrolliere jeweils zur vollen Stunde, wo der Schatten steht. Dort malst du die nächste Uhrzeit auf das Zifferblatt.

6. Das Ganze wiederholst du, bis die Sonne den Gnomon nicht mehr erreicht. Dein Zifferblatt ist dann allerdings noch nicht komplett. Dazu musst du morgen früh raus und die Stunden bis 11 Uhr am Vormittag vervollständigen.

Hintergrund:

Im Laufe eines Tages scheint die Sonne von Osten nach Westen über den Himmel zu wandern. Tatsächlich sieht das aber nur so aus: Die Sonne bewegt sich gar nicht, es ist die Erde, die sich dreht – einmal in 24 Stunden um die eigene Achse.

Dass man am Stand der Sonne die Tageszeit ablesen kann, ist unseren Vorfahr*innen natürlich schon früh aufgefallen. Dazu genügt ja ein Blick an den Himmel. Dass der Schatten eines Gnomon auf einem Zifferblatt viel genauer ist, war spätestens vor 3.500 Jahren den Menschen im alten Ägypten bekannt (auch wenn der Name „Gnomon" erst im alten Griechenland rund 1.000 Jahre später verwendet wurde und bis heute gebräuchlich ist). Von dort stammt jedenfalls das älteste bekannte Exemplar. Heute findest du Sonnenuhren nicht nur an vielen alten Gebäuden. Manche Menschen stellen sie sich auch als Deko in den Garten. Verglichen mit unseren modernen Zeitmessern taugen die Sonnenuhren tatsächlich zu nicht viel mehr. Du kennst das selbst: Im Winter sind die Tage kürzer, steht die Sonne viel niedriger als im Sommer. Entsprechend wirft der Gnomon auch seinen Schatten von Tag zu Tag immer ein bisschen anders. Wenn es bei deiner Verabredung auf die Minute ankommt, solltest du dich also nicht unbedingt nach dem Stand der Sonnenuhr richten …

alte Einzeiger-Uhr

Eine Frage der Schwingung

Christiaan Huygens (1629-1695)

Seit wenigstens 1.000 Jahren können die Menschen ihre Tage in Minuten und Sekunden einteilen. Allerdings ist das anfangs eher Theorie. Die wenigen Uhren, die es damals gab, gingen gar nicht genau genug. Die ersten Kirchturmuhren, die sich ab dem 14. Jahrhundert von Italien aus in ganz Europa verbreiteten, hatten sogar nur einen Stundenzeiger – und sie mussten jeden Tag um bis zu 15 Minuten korrigiert werden, so groß war ihre Abweichung.

Doch die Technik entwickelte sich unaufhörlich weiter, die mechanischen Uhrwerke wurden genauer. Und auch kleiner, sodass man bald keinen Kirchturm mehr benötigte, um einen dieser Zeitmesser darin unterzubringen. Einen Meilenstein stellte zum Beispiel die Erfindung der Pendeluhr im Jahr 1657 dar, die auf den Niederländer Christiaan Huygens zurückgeht. Angetrieben von Gewichten schwingt darin ein Pendel im Sekundentakt hin und her und treibt damit die Zeiger an. Damit das funktioniert, muss das Pendel eine bestimmte Länge und ein bestimmtes Gewicht haben. Dann aber lassen sich mit dieser Technik Uhren bauen, deren tägliche Abweichung gerade mal 10 Sekunden beträgt – fast 100-mal genauer als die ersten Kirchturmuhren.

Vom Kirchturm ans Handgelenk

Damit hielten Uhren auch Einzug in die Wohnhäuser der Menschen. Zumindest bei denen, die es sich leisten konnten. Denn so aufwendig Uhren herzustellen waren, so teuer machte es sie. Die Zeitmesser wurden so auch ein Aushängeschild für das eigene Vermögen: Seht her, ich kann es mir leisten, viel Geld für eine Uhr auszugeben! Ein Trend, den es übrigens bis heute gibt: Obwohl man einfache Uhren schon für wenige Euro kaufen kann oder man gleich beschließt, komplett darauf zu verzichten, weil einem die Zeit sowieso allerorten – vom Handy bis zur Bushaltestelle – angezeigt wird, geben manche Leute Tausende oder gar Zehntausende Euro dafür aus, sich einen edlen Zeitmesser ums Handgelenk zu binden, wie ein edles Schmuckstück.

Taschenuhr

Da passt es vielleicht, dass Armbanduhren lange Zeit nur von Frauen getragen wurden. Die Männer schoben sich lieber eine Taschenuhr in die Weste oder in die Hose. Das änderte sich jedoch mit dem Ersten Weltkrieg Anfang des 20. Jahrhunderts: Damit die Soldaten stets beide Hände frei hatten, selbst beim kurzen Blick auf die Uhr, begannen auch sie die Zeitmesser am Handgelenk zu tragen – wo sie bis heute geblieben sind.

Das Geheimnis des Kristalls

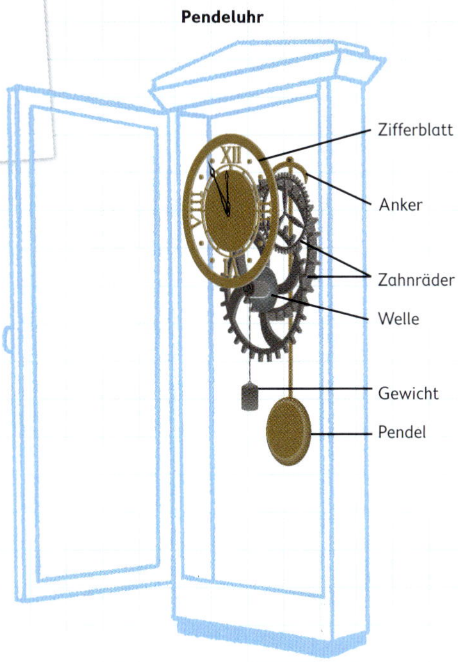

Neben der Mode trug dazu eine weitere bedeutende Erfindung bei. Mechanische Uhrwerke sind bis heute aufwendig und entsprechend teuer herzustellen. Viel einfacher ist es, wenn man statt unzähliger Zahnrädchen und Federn eine Batterie und einen Quarz einbaut. Dieser kleine Kristall wird nämlich durch den elektrischen Strom in Schwingungen versetzt, ähnlich wie das Pendel durch die Gewichte, und treibt so die Zeiger an. Das ist nicht nur viel einfacher als jedes mechanische Uhrwerk – es ist vor allem sehr viel günstiger. Spätestens ab den 1970er-Jahren setzen sich die Quarzuhren überall auf der Welt durch, bald auch immer häufiger mit Digitalanzeige, die die Uhrzeit in schlichten Zahlen angibt. Womit nicht mal mehr ein Antrieb nötig ist, um die Zeiger zu bewegen. Auch ihre Genauigkeit ist phänomenal. Wo die Pendeluhr jeden Tag um zehn Sekunden abweicht, muss die Quarzuhr höchstens einmal im Monat um diese Zeit korrigiert werden.

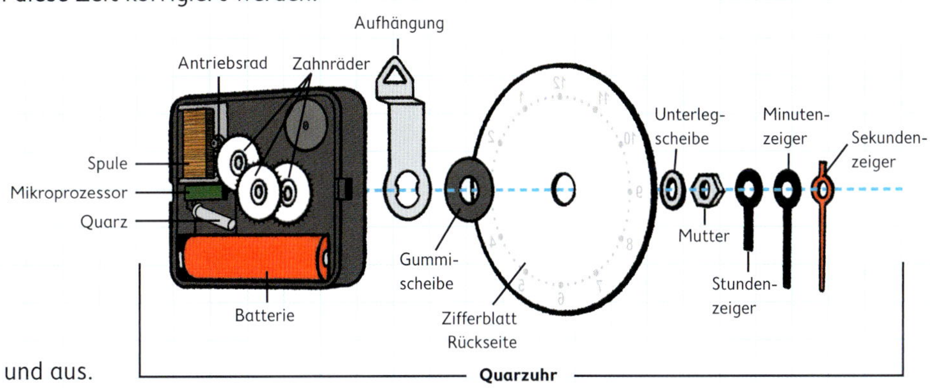

Genauer geht es nicht

In zehn Sekunden atmest du zweimal ein und aus. Mit anderen Worten: Das ist echt nicht lange. Trotzdem brauchen wir in unserer heutigen Welt perfekten Gleichklang. Das liegt auch an der Digitalisierung, die mittlerweile fast jeden Lebensbereich erreicht hat. Wo Computer weltweit verbunden sind, um mit Aktien zu handeln oder den Flugverkehr zu regeln, könnte schon eine Sekunde Abweichung gewaltige Folgen haben. Sie bekommen ihre Uhrzeit daher von den genauesten Zeitmessern, die es heute überhaupt gibt: Atomuhren. Statt eines Pendels oder eines Quarzkristalls wird hier das Elektron eines Atoms in Bewegung versetzt.

Atomuhren weichen nur noch um Milliardstel Sekunden von der tatsächlichen Zeit ab. Oder anders gesagt: Seit dem Urknall, mit dem das Universum einst entstanden ist, müsste eine Atomuhr gerade mal um zwei Sekunden korrigiert werden.

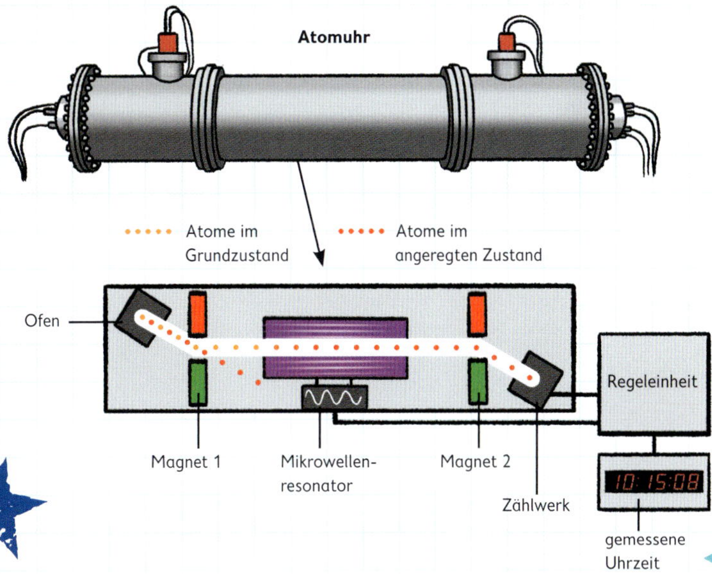

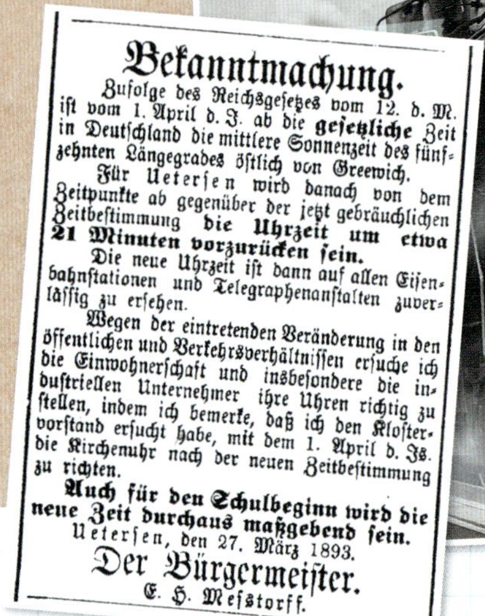

Bekanntmachung.

Zufolge des Reichsgesetzes vom 12. d. M. ist vom 1. April d. J. ab die **gesetzliche** Zeit in Deutschland die mittlere Sonnenzeit des fünfzehnten Längegrades östlich von Greewich.

Für Uetersen wird danach von dem Zeitpunkte ab gegenüber der jetzt gebräuchlichen Zeitbestimmung **die Uhrzeit um etwa 21 Minuten vorzurücken sein.**

Die neue Uhrzeit ist dann auf allen Eisenbahnstationen und Telegraphenanstalten zuverlässig zu ersehen.

Wegen der eintretenden Veränderung in den öffentlichen und Verkehrsverhältnissen ersuche ich die Einwohnerschaft und insbesondere die industriellen Unternehmer ihre Uhren richtig zu stellen, indem ich bemerke, daß ich den Klostervorstand ersucht habe, mit dem 1. April d. Js. die Kirchenuhr nach der neuen Zeitbestimmung zu richten.

Auch für den Schulbeginn wird die neue Zeit durchaus maßgebend sein.

Uetersen, den 27. März 1893.

Der Bürgermeister.

E. H. Meßstorff.

Wann kommt der nächste Zug?

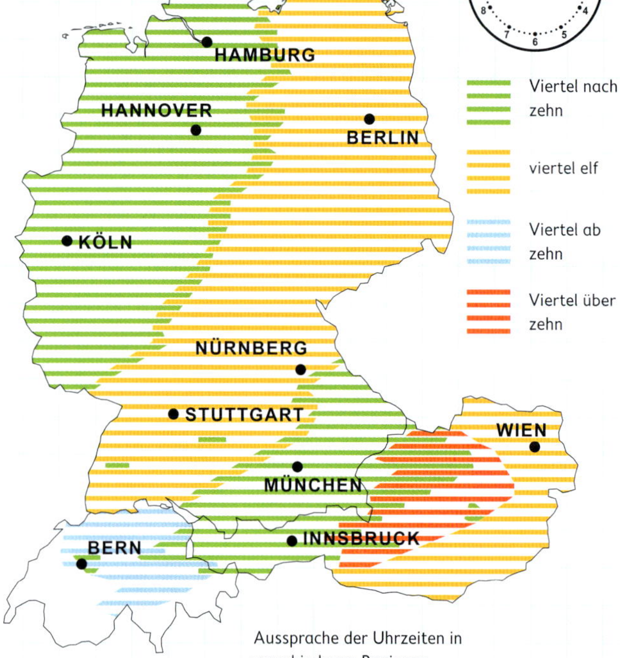

Aussprache der Uhrzeiten in verschiedenen Regionen

Die Uhr zu lesen, sich also einen Reim darauf zu machen, was die Position der beiden Zeiger auf dem Zifferblatt bedeutet, lernt jedes Kind spätestens in der Grundschule. Wie du diese Uhrzeiten benennst, hängt jedoch oft davon ab, wo du zu Hause bist. In manchen Gegenden sprechen die Leute von „viertel nach vier", andere sagen „viertel fünf" dazu. In Teilen Österreichs und der Schweiz kann es auch „viertel über" oder „viertel ab vier" heißen.

Und das alles gilt sowieso vor allem dann, wenn du die Zeit von einem Zifferblatt abliest. Mittlerweile sind Digitaluhren viel häufiger, die die Zeit statt mit zwei Zeigern in Form von Zahlen wiedergeben. Mit Folgen. So hört man statt viertel nach oder über vier nämlich immer öfter „sechzehn Uhr fünfzehn". So ähnlich macht man das übrigens schon lange beim Militär. Dort heißt es „Sechzehnhundertfünfzehn". Der Vorteil: Immerhin ist auf diese Weise klar, dass vier Uhr nachmittags gemeint ist. Nicht unwichtig, wenn du dich mit deiner besten Freundin verabreden willst. Nicht, dass sie dich in aller Herrgottsfrühe aus dem Bett klingelt. Abgesehen von der möglichen, aber unwahrscheinlichen Verwechslung von vor- oder nachmittags ist es heute aber sehr einfach, sich zu bestimmten Zeiten zu verabreden. Nicht nur, weil unsere Uhren mittlerweile millisekundengenau gehen. Sondern vor allem, weil sich die Menschheit weltweit auf eine Vereinheitlichung der Uhrzeiten geeinigt hat.

Jedem Ort seine Zeit

Das war lange anders. Da galt oft in jeder Stadt, in jeder Region, jeder Grafschaft, jedem Fürstentum eine eigene Zeit. So war es in München zum Beispiel sieben Minuten früher als in Berlin – aber zehn Minuten später als in Stuttgart. Wer auf Reisen war, musste seine Uhr also ständig umstellen. Was allerdings nicht so schlimm war, denn in Zeiten, als Pferde und Kutschen die schnellsten Verkehrsmittel waren, dauerten die Reisen ja noch wesentlich länger als heute. Um von München nach Berlin zu gelangen, war man schon mal ein paar Tage unterwegs. Das änderte sich mit der Erfindung der Eisenbahn. Diese fuhr bald viel schneller als selbst das schnellste Pferd galoppieren konnte. Und es entstanden große Schienennetze mit vielen Bahnhöfen – und Fahrplänen für die Verbindungen dazwischen. Dafür war die Vielzahl der unterschiedlichen Ortszeiten allerdings wahnsinnig unpraktisch. Daher begannen viele Länder ab der Mitte des 19. Jahrhunderts ihre Zeiten zu vereinheitlichen.

Bis ins 19. Jahrhundert hinein hatte jede Stadt ihre eigene Zeit.

Klarheit durch Zonen

Eine internationale Konferenz im Jahr 1884 ging sogar noch den entscheidenden Schritt weiter: Sie legte die Uhrzeiten für alle Regionen der Erde fest, indem der Globus in sogenannte Zeitzonen eingeteilt wurde. Ausgehend vom sogenannten Nullmeridian im Londoner Vorort Greenwich wird seitdem alle 15 Längengrade die Uhr um eine Stunde verstellt – zurück, wenn man westwärts reist, und vor, wenn es nach Osten geht. Allerdings gibt es Ausnahmen davon. Oft folgt eine Zeitzonengrenze eher einer Landesgrenze als dem Längengrad. Damit die Uhrzeit innerhalb eines Staates einheitlich ist. Außer, der ist besonders groß. Staaten wie die USA oder Russland liegen zum Beispiel in sechs beziehungsweise sogar elf Zeitzonen. Auch in China müssten es eigentlich fünf sein. Aber die politische Führung beschloss schon vor mehr als 70 Jahren, dass man lieber eine gemeinsame Zeit hätte – als Zeichen der Einheit.

Zeitzonen der Welt

Hier ist Greenwich.

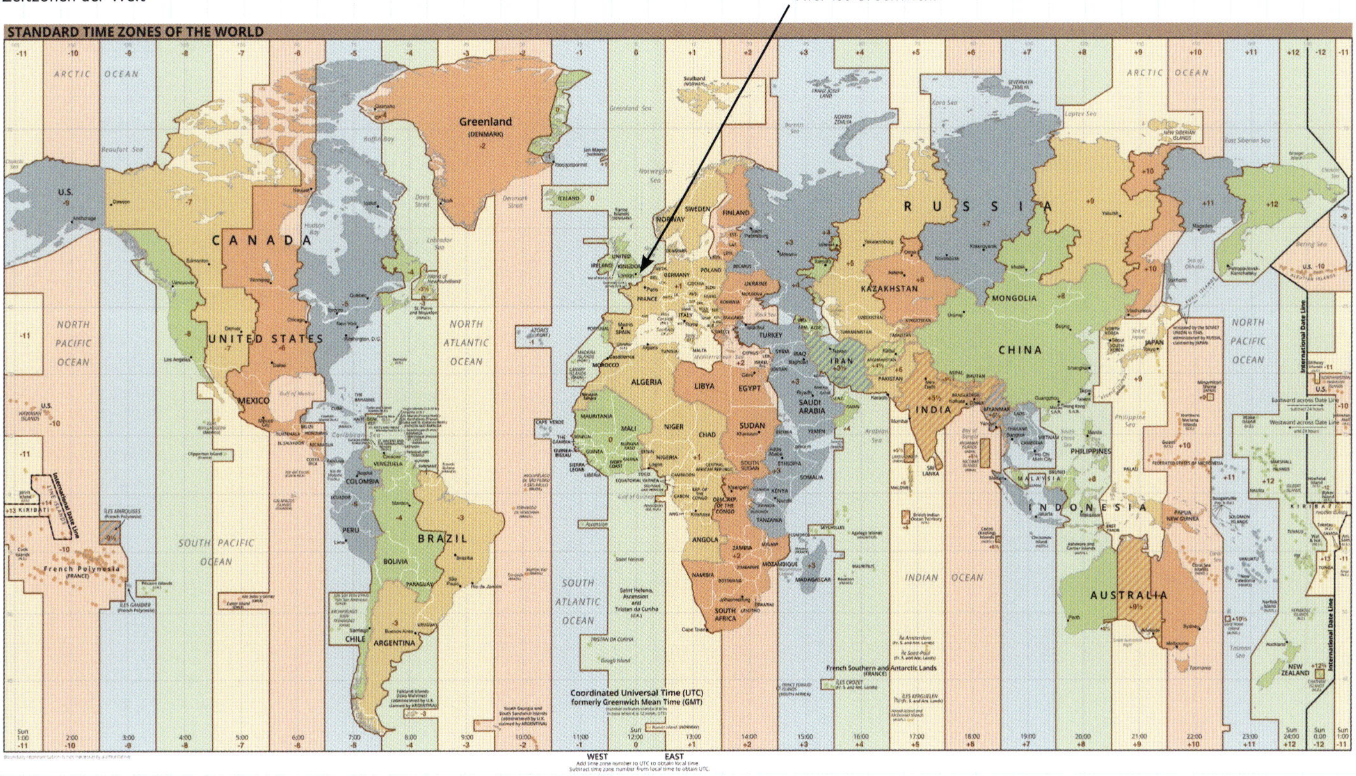

einfach sehr hoch nein

Lass Kristalle wachsen!

Du brauchst:

- zwei große Becher oder hitzefeste Gläser
- kochendes Wasser
- Salz
- Esslöffel
- etwa 20 cm Wollfaden
- Stift

In den Bergen findest du neben vielen anderen Steinen ab und zu auch solche, die ganz durchsichtig sind. Ihre sechseckige Form lässt sie aussehen, als hätte sie jemand fein säuberlich geschliffen, aber das hat die Natur ganz allein hinbekommen: Wie jedes Kristall wachsen sie in ganz regelmäßigen Formen. Denn schon ihre kleinsten Bestandteile, die Atome und Moleküle, sind regelmäßig angeordnet. Manchmal geht es blitzschnell, manchmal dauert es Jahrtausende, bis diese Formen entstehen. Im folgenden Experiment siehst du schon nach wenigen Tagen Ergebnisse.

So geht's:

1. Gieße das kochende Wasser vorsichtig in einen der Becher.

2. Gib einen Löffel Salz hinein und rühre um, bis sich das Salz aufgelöst hat.

1.+ 2.

3. Das wiederholst du so lange, bis sich das Salz nicht mehr auflöst, sondern zum Boden des Bechers sinkt. Jetzt ist das Gemisch gesättigt, mehr Salz kann es nicht mehr aufnehmen. So wie du nach fünf Kugeln Eis gesättigt bist und keinen Bissen mehr hinunterbekommst.

3.

4. Gieße die Flüssigkeit in den anderen Becher. Vorsichtig: 1. ist sie immer noch heiß, 2. Sollen die Salzkörner vom Boden des ersten Bechers dortbleiben.

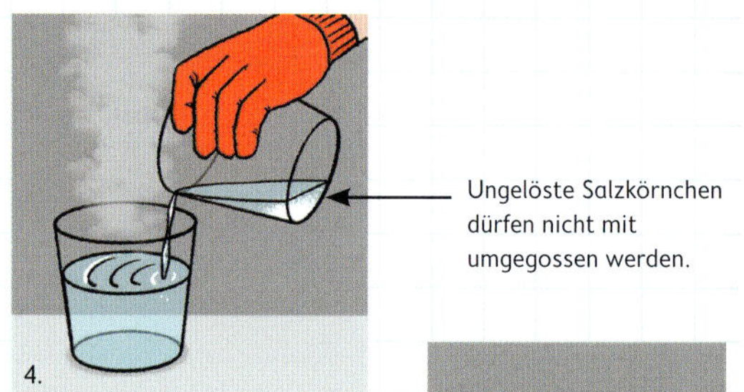

4.

5. Knote ein Ende des Wollfadens in die Mitte des Stiftes. Der Rest soll noch so lang sein, dass er knapp bis zum Boden des Bechers reicht, wenn du den Stift quer darüberlegst. Ist er deutlich länger, schneide ein Stück ab!

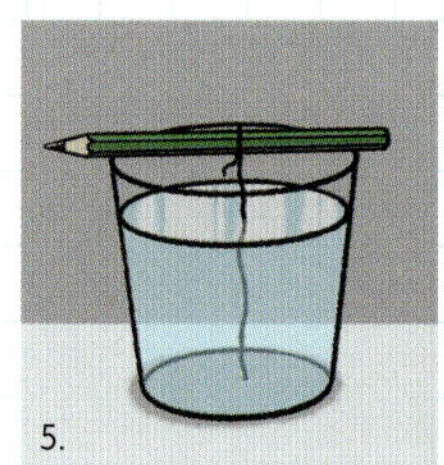

5.

6. Stelle den Becher an einen ruhigen Platz am besten auf einer sonnigen Fensterbank, wo er die nächsten Tage und Wochen niemanden stört. Lege den Stift darüber, sodass die Wolle in der Salzlösung hängt.

6.

7. Nun heißt es Warten – und Beobachten: Nach ein paar Tagen kannst du vielleicht schon sehen, wie sich am Wollfaden erste kleine Kristalle bilden. Nach ein paar Wochen sind die zu prächtigen Kristallknollen gewachsen. Hauptsache, du stößt nicht an das Glas: Kristalle brauchen Ruhe zum Wachsen!

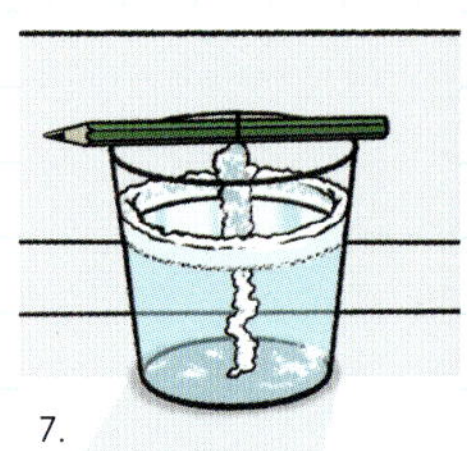

7.

7.

Hintergrund:

Je heißer das Wasser ist, desto mehr Salz kann es aufnehmen. Kühlt es wieder ab, lagert sich das überschüssige Salz am Wollfaden ab, wandert vielleicht sogar hoch bis zum Stift und zum Rand des Glases und bildet dort Kristalle. Weil mit der Zeit immer mehr von dem Wasser verdunstet, die Salzmenge aber gleich bleibt, wachsen die Kristalle immer weiter. Lass das Glas also ruhig stehen, bis alles Wasser weg ist. Das kann ein paar Wochen dauern.

Klingt lange? Ist eigentlich ziemlich flott – für einen Kristall. Das andere Extrem fanden Forschende in einer Höhle in Mexiko. Dort wachsen riesige Gipskristalle (siehe großes Foto oben), aber im Schneckentempo. Um auch nur einen Millimeter zuzulegen, benötigen sie rund 1.000 Jahre. Solch uralte Strukturen können für Forschende eine große Hilfe sein, wollen sie etwas über frühere Zeiten erfahren. Mehr dazu auf der nächsten Seite!

Ringe zählen zur Altersbestimmung

Die Eifel, ein Mittelgebirge südlich von Köln, ist ein beliebtes Ausflugsziel. Nicht nur wegen der waldigen Hügel. Berühmt sind ihre sogenannten Maare. Das sind die Krater von Vulkanen, die schon vor Jahrtausenden erloschen sind. Viele davon sind heute mit Wasser gefüllt. Man könnte sie glatt mit gewöhnlichen Seen verwechseln, wären sie nicht so auffällig rund. Die Maare ziehen neben Radfahrer*innen, Wandernden und Badenden auch immer wieder Forschende an. Denn das Sediment an ihrem Grund, also der Schlamm und Sand, die sich über die Jahrtausende angesammelt haben, geben Aufschluss über das Klima vergangener Zeiten. Ein Segen für die Forschung: Anders als heute gab es vor 10.000 oder gar 100.000 Jahren niemanden, der über das tägliche Wetter Aufzeichnungen geführt hätte. So aber lernen die Forschenden ganz viel darüber, in welchem Tempo sich das Klima früher schon verändert hat. Oder zu welchen Begleiterscheinungen das führte – so wie lange Trockenheit oder heftige Regenstürme. So können wir auch etwas darüber lernen, auf welche Extreme wir uns vielleicht einstellen müssen, wenn sich unser Klima weiter verändert wie bisher. Hilfreich dabei: Die Sedimentschichten am Grund der Maare lassen sich gut datieren, sie sind mit schöner Regelmäßigkeit ein paar Millimeter pro Jahr gewachsen. Teilweise kann man die einzelnen Schichten mit dem bloßen Auge erkennen und abzählen.

mit Wasser gefülltes Maar im Querschnitt

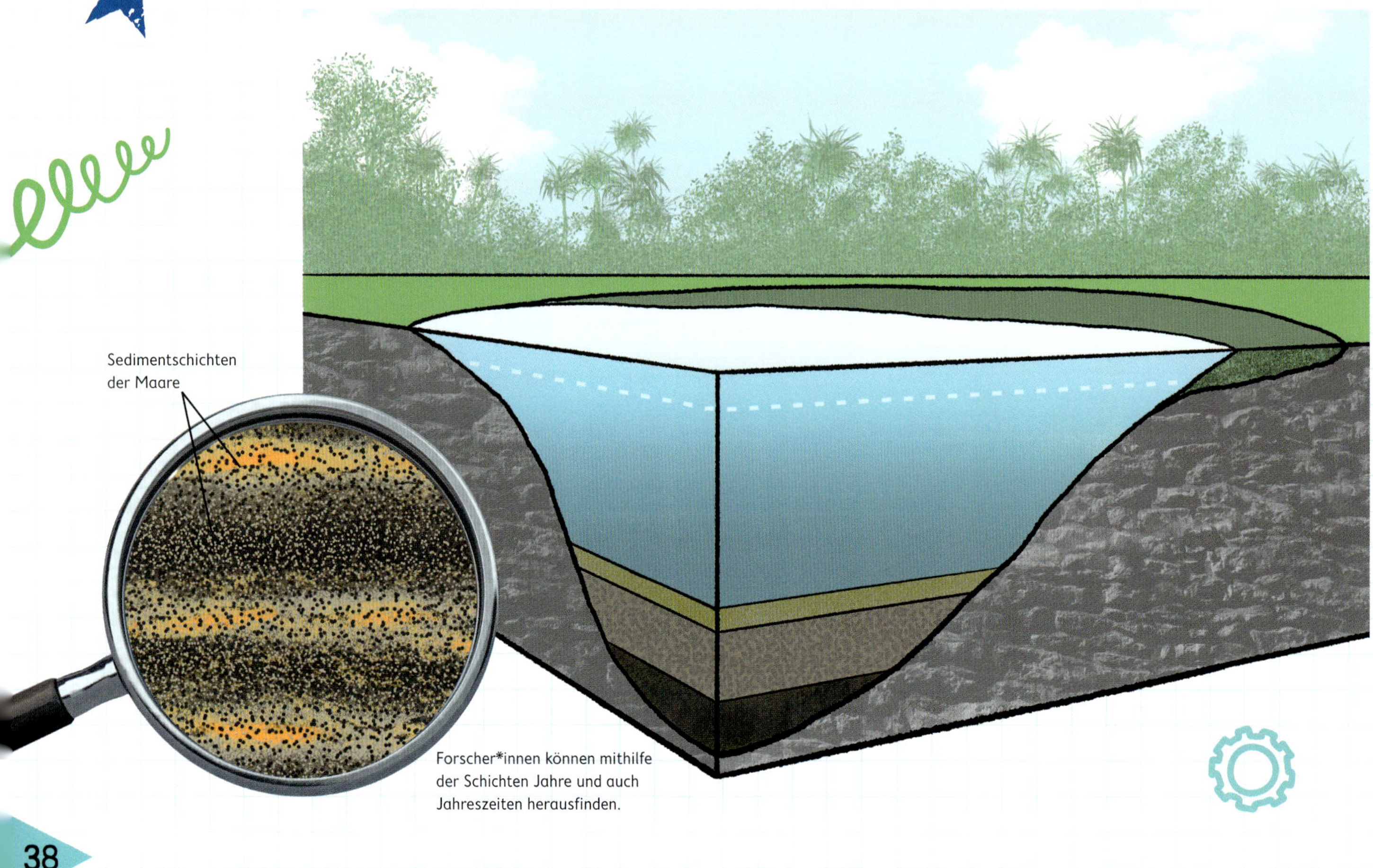

Forscher*innen können mithilfe der Schichten Jahre und auch Jahreszeiten herausfinden.

Welcher Dino war noch hier?

Nicht nur für Klimaforschende sind solche Altersbestimmungen wichtig. Auch die Archäologie oder Paläontologie, also die Erforschung der Urzeit, und andere Forschungszweige, die sich mit Dingen aus längst vergangenen Zeiten beschäftigen, brauchen Methoden, um herauszufinden, wie alt Dinge sind. Wie viel Zeit vergangen ist, seit der Dinosaurier gelebt hat, der Goldschatz versteckt wurde oder das Schiff zur See fuhr, ehe es eines Tages sank.
Dabei unterscheiden die Forschenden zwischen „relativen" und „absoluten" Methoden. „Relativ" genau ist es, das Alter an Bodenschichten zu bestimmen. Denn nicht immer lässt sich das – wie in den Maaren der Eifel – aufs Jahr genau bestimmen. Klar ist dann nur: Je tiefer ein Fund in der Erde lag, desto länger war er dort. Dino-Forscher*innen helfen dann zum Beispiel sogenannte Leitfossilien: Wenn sie in einer Schicht Überreste einer bestimmten Art finden, von der sie durch andere Funde schon das ungefähre Alter kennen, dann wissen sie: Alle versteinerten Knochenreste anderer Tiere, die in derselben Erdschicht liegen, müssen zur selben Zeit gelebt haben.

Was können Ringe erzählen?

Die sogenannten „absoluten" Methoden sind da genauer. Zum Beispiel die Dendrochronologie, die Altersbestimmung mithilfe der Jahresringe von Bäumen: Während seines Lebens wächst ein Baum in bestimmten Phasen, er bildet dabei jedes Jahr neues Holz. Das wird sichtbar, wenn man den Baum fällt – als ringförmiges Muster an der Schnittfläche. Du musst bloß diese Ringe zählen und weißt exakt, wie alt der Baum geworden ist. Und du kannst sogar später noch herausfinden, wann er gelebt hat. Denn je nach Wetterlage fällt das Wachstum unterschiedlich aus. Über die Zeit entsteht so ein besonderes Muster in den Jahresringen. Das kann man mit den zahllosen Mustern abgleichen, die mittlerweile in Datenbanken gespeichert sind. So lässt sich noch Jahrhunderte später feststellen, wann der Baum zu einem Mast oder Wagenrad verarbeitet wurde – und schwupps weiß ich, wann das Schiff zur See fuhr oder der Karren über die Waldwege rumpelte.
Die vielleicht bekannteste Methode ist die C14-Analyse. Dabei wird gemessen, wie viel von dieser besonderen Form des Kohlenstoffes in dem untersuchten Material enthalten ist. Dieser Anteil ändert sich nämlich mit der Zeit. In einem lebenden Organismus, egal ob Mensch, Tier oder Pflanze, ist er immer gleich hoch: Doch sobald der Organismus stirbt, beginnt das C14 langsam zu zerfallen, nach 5.730 Jahren ist nur noch die Hälfte davon übrig. Der Haken dabei: Bei Untersuchungsobjekten, die viel älter als 50.000 Jahre sind, funktioniert das nicht mehr, dann ist der C14-Anteil zu gering. Und wenn es sich nicht um Material handelt, das irgendwann mal lebendig war, funktioniert das schon gar nicht. Dafür gibt es zum Glück noch andere Methoden. Statt C14 wird dann K40 gemessen. Eine bestimmte Form des chemischen Elements Kalium, mit dem man das Alter von Steinen bestimmen kann.

Kurzer Check

Wie eine Sonnenuhr funktioniert oder wie du Kristalle zum Wachsen bringst – das und vieles mehr hast du in diesem Kapitel erfahren. Kannst du auch die Fragen dazu beantworten?

1. Was ist ein Gnomon?

a. eine Art Zwerg
b. der Schattenzeiger einer Sonnenuhr
c. eine Weltraumsonde, mit der das genaue Datum des Urknalls festgestellt werden soll

2. Wie viele Zeiger hatten die ersten Kirchturmuhren?

a. einen
b. zwei
c. drei

3. Was führte zur Vereinheitlichung der Uhrzeiten im Deutschen Kaiserreich und anderen Ländern?

a. der zunehmende Eisenbahnverkehr
b. das Fernsehprogramm
c. eine Volksabstimmung

4. Wie schnell wachsen die Gipskristalle, die Forschende in einer Höhle in Mexiko entdeckten?

a. einen Millimeter am Tag
b. einen Millimeter im Jahr
c. einen Millimeter in 1.000 Jahren

5. Was versteht man unter Dendrochronologie?

a. die Entwicklungsgeschichte der Grünpflanzen
b. eine Methode der Altersbestimmung mithilfe der Jahresringe im Holz
c. die Datierung der Erdzeitalter nach dem italienischen Urzeitforscher Giacomo Dendro

1 b) Auch wenn die Sonnenuhr vermutlich im alten Ägypten erfunden wurde, ist es der griechische Name ihres wichtigsten Bauteils, der sich bis heute erhalten hat, mehr dazu ab *Seite 30.* **2 a)** Die ersten Kirchturmuhren gingen noch sehr ungenau, daher kamen sie mit einem Stundenzeiger aus, mehr dazu ab *Seite 32.*
3 a) Durch den zunehmenden Eisenbahnverkehr ab der Mitte des 19. Jahrhunderts war es hilfreich, die bis dahin geltenden und oft unterschiedlichen Ortszeiten zu vereinheitlichen, mehr dazu ab *Seite 34.* **4 c)** Mit einem Millimeter in 1.000 Jahren wachsen die Gipskristalle tatsächlich sehr langsam, mehr dazu ab *Seite 36.*
5 b) Die Dendrochronologie nutzt das besondere Muster, das beim Wachstum eines Baumes – griechisch: dendron – im Holz entsteht, um daraus Rückschlüsse auf das Alter von Holzgegenständen zu ziehen, mehr dazu ab *Seite 38.*

4. Wann kommt deine beste ZEIT?

einfach mittel nein

Kannst du Blumen überlisten?

Du brauchst:

- eine Mimosenpflanze im Topf
- ein sonniges Plätzchen, zum Beispiel auf der Fensterbank
- eine dunkle Ecke in deinem Kleiderschrank

Sonnenblumen drehen ihre Blüten immer in Richtung Sonne, auch viele andere Pflanzen können Hell und Dunkel unterscheiden. Sie öffnen oder schließen dann zum Beispiel ihre Blüten entsprechend. Auch die Mimose rollt ihre Blätter zusammen, wenn es dunkel wird. Kannst du sie überlisten?

So geht's:

1. Stelle die Mimose auf die Fensterbank, wo sie ordentlich Tageslicht abbekommt. Nicht erschrecken: Wenn du die Blätter der Pflanze berührst, rollen diese sich ein. Dieser Schutzreflex hat der Mimose auch den Namen „Berühre mich nicht" eingebracht – und umgekehrt die Pflanze zur Namenspatin für Menschen gemacht, die besonders empfindlich oder wehleidig sind: Sei doch nicht so eine Mimose, sagt man dann.

2. Aber zurück zum Experiment! Beobachte die Mimose über 24 Stunden, vor allem am Abend und am frühen Morgen. Du wirst feststellen, dass sich abends ihre Blätter zusammenziehen, sie gehen in die sogenannte Schlafstellung. Morgens entrollen sie sich dann wieder. Erspüren sie das Sonnenlicht, wie das bei vielen anderen Pflanzen der Fall ist? Kannst du sie also verwirren, ihren Tagesrhythmus durcheinanderbringen?

3. Um das herauszufinden, kommt nun Teil drei des Experiments: Für die nächsten 24 Stunden stellst du die Pflanze an einen absolut dunklen Ort. Zum Beispiel in deinen Kleiderschrank. Beobachte wieder, was am Abend und am Morgen passiert.

4. Erstaunlich: Die Mimose wird aller Wahrscheinlichkeit nach ihre Blätter zur ungefähr gleichen Zeit ein- und wieder ausgerollt haben wie nachts zuvor auf der Fensterbank. Sie lässt sich also nicht austricksen!

Hintergrund:

Zunächst einmal ist es natürlich überhaupt erstaunlich, dass die Mimose soviel Bewegung in ihre Blätter bringen kann. Nicht nur das Ein- und Ausrollen, wenn sie in Schlafposition geht. Sondern natürlich vor allem das sekundenschnelle Zurückschrecken bei Bewegung. Möglich ist das durch eine Art Hydraulik, also Wasserdruck. Mittels eines chemischen Prozesses kann die Mimose blitzschnell Wasser aus den Blattzellen ziehen, sodass diese erschlaffen und die Blätter sich zusammenziehen. Das passiert bei Berührung, das passiert aber auch – nur langsamer – beim Schlafengehen. Doch was ist der Auslöser, wenn es das Sonnenlicht jedenfalls nicht ist?

Das Mimosenexperiment hier ist ein echter Klassiker und rund 300 Jahre alt. Als erster Mensch hat es ein französischer Forscher mit dem klingenden Namen Jean Jacques d'Ortous de Mairan durchgeführt – und ist damit zu einem Wegbereiter der Chronobiologie geworden. De Mairans Experiment hat gezeigt, dass die Pflanze über so etwas wie eine innere Uhr verfügt: Die Mimose weiß sozusagen ganz von allein, wann Nacht und wann Tag ist. Damit ist sie übrigens längst nicht allein. Wie das mit der Chronobiologie bei Pflanzen und Tieren funktioniert, erfährst du auf den folgenden Seiten.

Woher weiß die Blume, wann es Zeit zu blühen ist?

Der Mensch ist mit Abstand das erfindungsreichste Lebewesen des Planeten. Wir haben das Rad erfunden, die Dampfmaschine, den Computer – und, wie du in den vorangegangenen Kapiteln ausgiebig erfahren hast, über Jahrhunderte und Jahrtausende versucht, uns einen Reim auf die Kreisläufe der Natur zu machen. Wir haben Kalender entwickelt und wieder verworfen, haben immer präzisere Uhren gebaut. Wie lange noch, bis die Mathestunde vorbei ist? Wie viele Tage bis zu deiner Geburtstagsparty? Ein Blick auf eine Uhr, in den Kalender, und du weißt Bescheid. Genial!

Pflanzen und Tiere haben keine Uhren oder Kalender. Und trotzdem blüht jede Blume zur richtigen Zeit. Und der Zugvogel macht sich auf den Weg nach Süden. Wie kann das sein? Alle Lebewesen folgen bestimmten Rhythmen, inneren Uhren, die ihnen sagen, wann es Zeit ist, dieses oder jenes zu tun. Nicht nur Blumen und Zugvögel. Da sind Bakterien, die sich regelmäßig einmal am Tag teilen. Igel oder Murmeltiere fallen rechtzeitig in den Winterschlaf – und erwachen auch rechtzeitig wieder daraus. Eine bestimmte Art von Zikaden verpuppt sich, ganz regelmäßig alle 17 Jahre.

Jede Blume blüht zu einer bestimmten Zeit. Die Mittagsblume öffnet zum Beispiel mittags ihre Blüten.

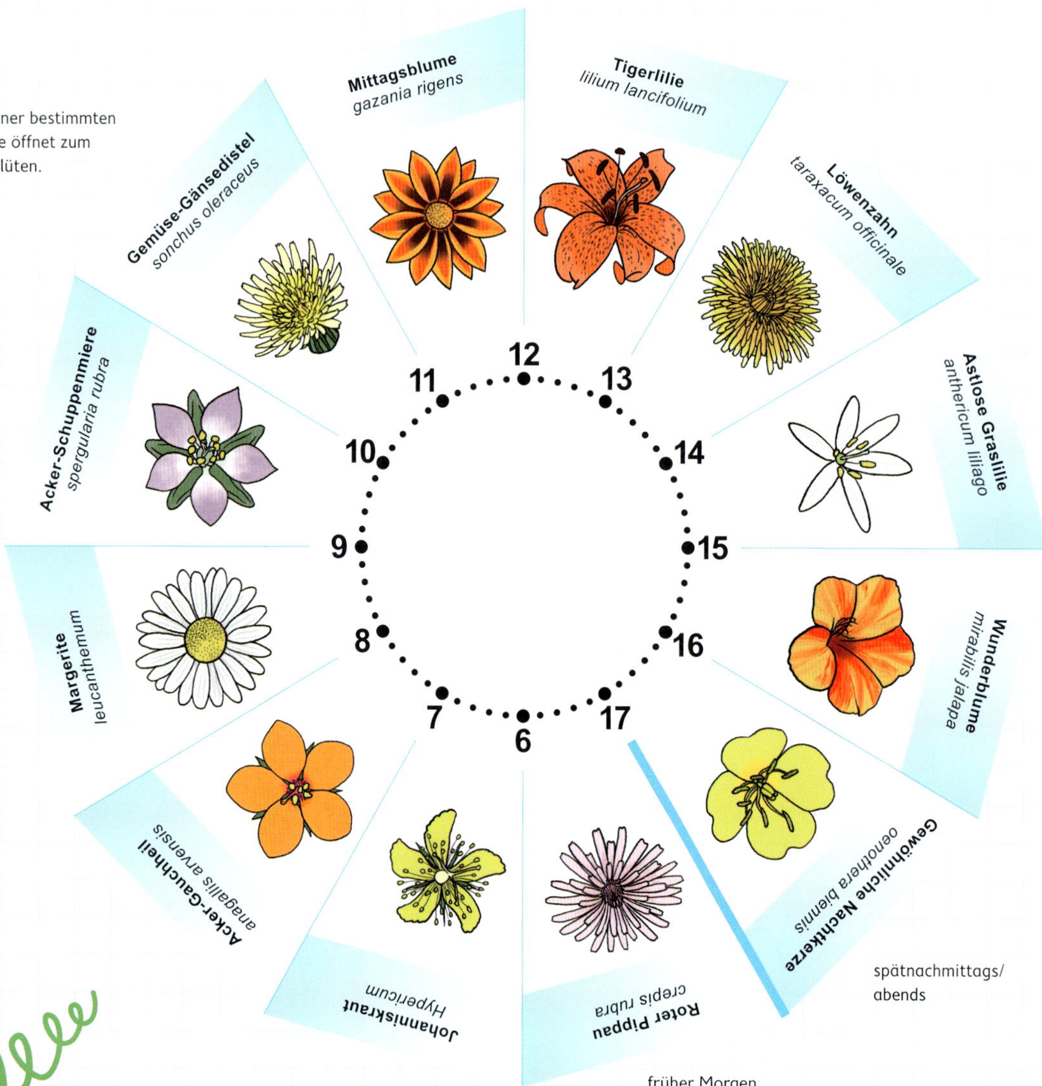

Äußere Reize und innere Uhr!

Dass das alles passiert, ist nicht zu übersehen. Warum es passiert, das ist die spannende Frage. Sie zu beantworten, hat sich die Chronobiologie vorgenommen. Biologie kennst du, die Wissenschaft von allem, was lebt. „Chronos“ ist griechisch und heißt Zeit. Angefangen hat das alles mit Jean Jacques d’Ortous de Mairan, dem du eben im Mimosen-Experiment begegnet bist. Heute ist daraus ein immer verästelterer Wissenschaftszweig geworden – denn je mehr man daran forscht, desto mehr neue Fragen tun sich auf.

Klar ist nur, es gilt grob gesagt zweierlei: Viele der Prozesse – Blüte, Paarung, Winterschlaf – werden von äußeren Einflüssen bestimmt, den sogenannten „exogenen Faktoren“: der Wechsel der Jahreszeiten, von Tag und Nacht, von Ebbe und Flut, von Neu- und Vollmond. So etwas kann selbst eine einfache Pflanze erspüren, dafür gibt es zum Beispiel bestimmte Sinneszellen, die Licht wahrnehmen, Temperatur oder Feuchtigkeit.

Und dann? Forschende der Universität in Halle haben Blütenpflanzen untersucht und herausgefunden: Sobald die Sinneszellen melden, dass die Tage im Frühling eine gewisse Länge erreicht haben, lösen bestimmte Gene im Erbgut der Pflanzen den Befehl aus, Blüten zu bilden. Diese Gene kontrollieren sozusagen die innere Uhr des Grünzeugs. Die Forschenden überlegen nun, ob man diese Gene vielleicht sogar verändern könnte. Etwa so, dass die Pflanze auch dort gedeiht, wo sie sich bisher vielleicht nicht so wohl gefühlt hat, weil die Lichtverhältnisse eben andere sind. In den Tropen gibt es zum Beispiel keine Jahreszeiten wie wir sie kennen. Und direkt am Äquator ist jeder Tag des Jahres gleich lang. Wann würden die Pflanzengene ihren Blühbefehl geben?

Die Gene gehören zur anderen Gruppe, den inneren Einflüssen – oder „endogenen Faktoren“. Sie zu verstehen, ist viel komplizierter. Und das geht schon mit de Mairans Mimose los: Statt auf das Hell und Dunkel von Tag und Nacht zu reagieren, hat sie eine innere Uhr, die auch noch funktioniert, wenn diese äußeren Reize ausbleiben.

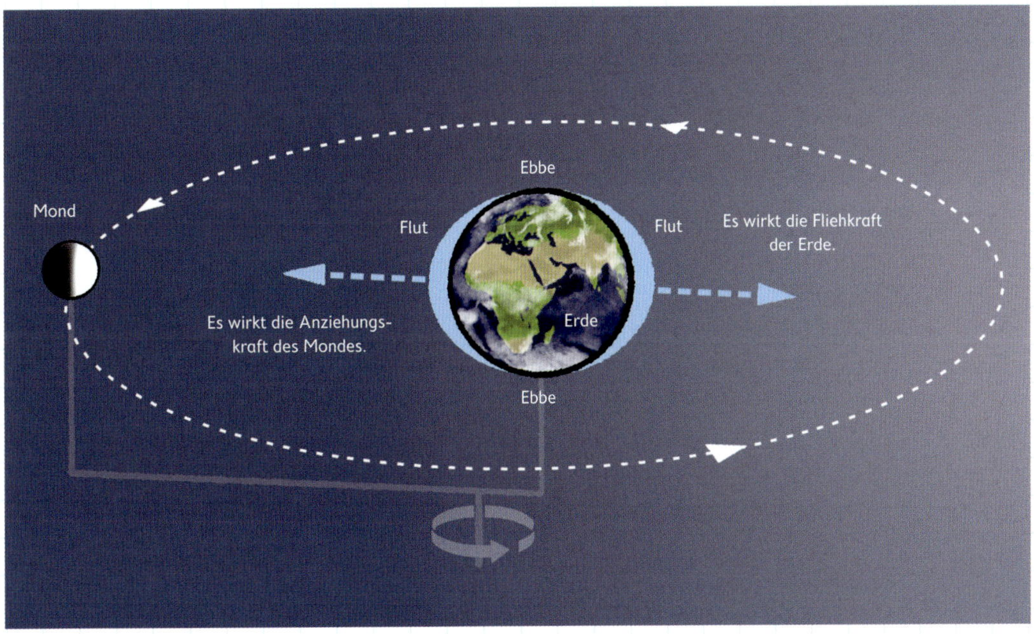

Wechsel von Ebbe und Flut

einfach hoch nein

Du brauchst:

- dich selbst
- ein freies Wochenende
- eine Uhr

Finde deinen Rhythmus!

Forschende haben herausgefunden, dass sich im Schlaf unterschiedliche Phasen abwechseln. Welche genau, spielt für unser Thema keine Rolle. Wichtig zu merken: Der Wechsel findet ungefähr alle 90 Minuten statt. 90 Minuten? Genau, das ist die Dauer eines Fußballspiels, eines Spielfilms, einer Doppelstunde in der Schule. Und zwar aus gutem Grund: So lange hält dein Körper gut aus, ohne eine Pause einlegen zu müssen. Glaubst du nicht? Probiere es aus!

So geht's:

1. Dieser Selbstversuch funktioniert am besten, wenn du ein paar Tage Zeit hast – und zwar so, dass du selbst möglichst frei bestimmst, was du wann und wie machst. In der Schulzeit zum Beispiel wird dir der Rhythmus vom Pausenklingeln vorgegeben. Darauf hast du wenig Einfluss. An einem freien Wochenende ist das anders.
2. Überlege dir vorher, was du tun willst: Das kann Sport oder körperliche Arbeit sein. Noch spannender wird es aber, wenn du deinen Kopf anstrengen musst. Beim Lesen, beim Schreiben, beim Rechnen zum Beispiel.
3. Dann leg los, konzentriere dich – und mach so lange, bis dein Körper nach einer Pause schreit. Schau auf die Uhr: Wie viel Zeit ist vergangen?
4. Das Ganze wiederholst du mehrfach über einen ganzen Tag. Sehr wahrscheinlich wirst du feststellen, dass dein Pausenwunsch immer nach ungefähr 90 Minuten einsetzt.
5. Im nächsten Schritt kannst du noch etwas weitergehen: Stelle dir die Uhr so, dass du ganz bewusst nach anderthalb Stunden unterbrichst und eine Pause von wenigstens 15 Minuten einlegst. Nutze diese Pause dann möglichst gut und bewusst – indem du etwas ganz anderes machst als die vergangenen 90 Minuten. Das kann ein kleiner Spaziergang sein, eine Runde Zocken, ein kurzes Nickerchen.
6. Wenn du danach die nächsten 90 Minuten angehst, wirst du feststellen: Du bist gleich viel konzentrierter und ausgeruhter.

Hintergrund:

Nicht nur Pflanzen und Tiere unterliegen einer inneren Uhr, sie tickt ebenso bei uns Menschen – auch bei dir. Dabei wird dein Körper von unterschiedlichen Rhythmen beherrscht. Schlafen und Wachsein, Einatmen und Ausatmen zum Beispiel. Auch die Phasen, in denen du konzentriert und leistungsfähig bist, haben einen relativ festen Takt. Und der scheint, so legen viele Forschungsergebnisse nahe, bei ungefähr 90 Minuten zu liegen.

Eine Langzeituntersuchung, die sich über 30 Jahre zog, hat Menschen aus verschiedenen Berufen begleitet, die alle in ihrem Fach jeweils besonders erfolgreich waren. Auch dort hat sich herausgestellt: Die meisten hatten sich ihren Arbeitstag in Happen von jeweils 90 Minuten gegliedert. Oft übrigens nicht mehr als dreimal nacheinander. Das hat genügt, denn die Leute waren in diesen insgesamt viereinhalb Stunden so gut bei der Sache, dass sie in dieser Zeit mehr gewuppt haben als andere, die doppelt so lange zugange waren. Besonders hilfreich ist dabei übrigens das kurze Nickerchen zwischendurch. Zehn Minuten Schlafen erfrischt das Gehirn spürbar, das ist längst wissenschaftlich bewiesen. Trotzdem wird man noch immer schräg angeguckt, wenn man in der Schulpause oder am Büroschreibtisch einen Kurzschlaf einlegt. Da sind andere Länder weiter. In Japan zum Beispiel ist das heutzutage mehr oder weniger normal und wird sogar von manchen Firmen für ihre Mitarbeitenden verordnet!

Wie man mit Uhr umstellen Energie spart

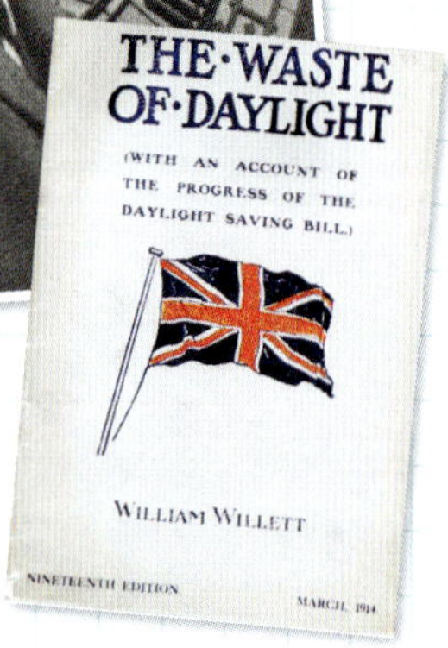

William Willett war ein Frühaufsteher. Gern machte er noch vor der Arbeit in seiner Baufirma einen kleinen Ausritt durch die Nachbarschaft. Dabei, so geht die Legende, fiel ihm eines Tages auf, dass außer ihm alle Menschen noch zu schlafen schienen – obwohl es bereits hell war. Was für eine Tageslicht- und damit Energieverschwendung! Denn was die Leute morgens verschlafen, holen sie abends nach. Bei künstlicher Beleuchtung, weil es ja schon dunkel ist. Willett entwickelte einen Plan, wie man das besser machen könnte. Nachlesen kann man das in dem kleinen Pamphlet, das er 1907 drucken ließ. Vereinfacht schlug er darin vor, die Uhren in den Sommermonaten vorzustellen, damit es morgens später hell und abends später dunkel wird.

Wer hat an der Uhr gedreht?

Klingt irgendwie vertraut? Kein Wunder, heute stellen wir tatsächlich zweimal im Jahr die Uhr um: im Frühling eine Stunde vor, im Herbst eine zurück. Dazwischen herrscht die sogenannte Sommerzeit. Allerdings gibt es die in den meisten Ländern Europas erst seit 1980. William Willett konnte sich damals nämlich nicht durchsetzen. Zwar führten viele Länder in den beiden Weltkriegen die Sommerzeit ein, um vor allem in den Waffenfabriken Energie zu sparen. Aber nach Kriegsende wurde die Maßnahme immer wieder rückgängig gemacht. Dass wir sie heute haben, geht auf keinen Krieg zurück, sondern auf die Energiekrise in den 1970er-Jahren. Und auch ohne Krise ist es natürlich eine schlaue Sache, Energie zu sparen. Für den Klimaschutz zum Beispiel. Allerdings gibt es viele Fachleute, die sagen, in Wahrheit spare man damit gar nicht nennenswert. Im Gegenteil, die negativen Folgen überwögen.

Wach und fit auf Knopfdruck

Diese Folgen haben gar nichts mit Energie zu tun. Wobei ... auf eine Art schon. So wie alle anderen Tiere und Pflanzen nach inneren Uhren funktionieren, ist das auch bei uns Menschen. Wir sind nur so richtig fit und gesund, wenn dieser Rhythmus nicht gestört wird. Wenn wir zum Beispiel ausreichend und zur richtigen Zeit Schlaf bekommen. Das ist enorm wichtig für zahllose Abläufe in unserem Körper, die sich auf die Gesundheit und Leistungsfähigkeit auswirken. Dummerweise nimmt unsere moderne Gesellschaft relativ wenig Rücksicht darauf. Es gibt zum Beispiel jede Menge Studien, die belegen, dass der frühe Schulstart um acht Uhr morgens nicht zum inneren Rhythmus der meisten Kinder und Jugendlichen passt. Es ist also kein Wunder, wenn du zuweilen Mühe hast, im Unterricht die Augen offen zu halten. Das hat oft gar nichts damit zu tun, wie spannend es ist, was gerade vorn an der Tafel geschieht.

Nach der Schulzeit hört das leider nicht auf, im Gegenteil: Viele Menschen sind in Schichtarbeit angestellt – weil zum Beispiel auch nachts Busse und Bahnen fahren müssen, die Polizei einsatzbereit und im Krankenhaus jemand auf Notfälle vorbereitet sein sollte. Oder der berühmte Jetlag! Ehe es möglich war, die halbe Erde per Flugzeug in wenigen Stunden zu umrunden, hat es keine Auswirkungen auf das körperliche Wohlbefinden gehabt, sich von einer Zeitzone in die nächste zu bewegen: Dauert eine solche Reise Wochen oder gar Monate, haben wir genügend Zeit uns daran zu gewöhnen. Wer aber in einem halben Tag nach Thailand fliegt, wird ziemlich damit zu kämpfen haben, dass dort schon zum Frühstück gerufen wird, wenn es für die eigene innere Uhr noch mitten in der Nacht ist.

Winterzeit für den Sommer

Klar, niemand muss Fernreisen machen. Und auch nicht jeden trifft die Schichtarbeit. Doch vor der Sommerzeit gibt es kein Entkommen. Auch wenn es sich dabei nur um eine läppische Stunde handelt – es gibt genügend Untersuchungen, die zeigen, dass die Uhrumstellung vielen Menschen Probleme macht. Was sie in manchen Fällen krank, mindestens aber für eine Weile weniger leistungsfähig macht, mit anderen Worten: energieärmer.

Wozu machen wir das dann immer noch? Im Jahr 2018 konnten alle Menschen in den Staaten der Europäischen Union (EU) über die Sommerzeit abstimmen. Eine große Mehrheit war für die Abschaffung, im Folgejahr stimmte auch das EU-Parlament dafür. Weil aber jedes einzelne der derzeit 27 Länder für sich selbst entscheiden müsste, ist bisher gar nichts passiert.

mittel gering eventuell

Trillern für die Ewigkeit

Du brauchst:

- Handy
- eine Trillerpfeife
- ein paar gute Witze
- dieses Buch
- eine oder mehrere Personen, mit denen du dieses kurze Experiment durchführen kannst

Eine Stunde hat 60 Minuten, jede Minute besteht aus 60 Sekunden. Guck auf die Uhr und du siehst die Zeit mit perfekter Gleichmäßigkeit verrinnen. Deinem Gehirn erscheint das jedoch nicht immer so. Das lässt dir manche Momente wie kleine Ewigkeiten vorkommen, andere vergehen wie im Flug. Kennt jeder Mensch irgendwie. Dieses Experiment liefert dir trotzdem noch einmal den Beweis.

So geht's:

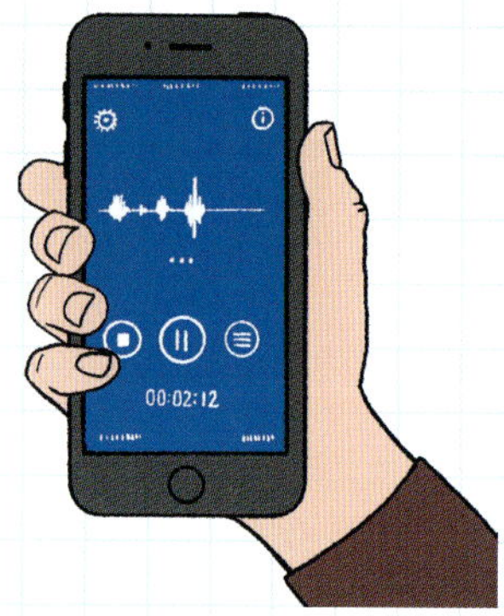

1. Schalte die Aufnahme-App deines Handys an und zeichne diese drei Ereignisse auf: Puste für jeweils genau 30 Sekunden in die Pfeife, lies genauso lang etwas aus diesem Buch vor und erzähle – ebenfalls eine halbe Minute lang – einen oder mehrere richtig gute Witze. Die Reihenfolge ist dabei egal. Hauptsache, du machst zwischendurch immer eine kleine Pause.

2. Dein Publikum genießt nun diese „Hör-Erlebnisse" und lässt sie kurz auf sich wirken.

3. Dann bittest du deine Versuchspersonen, die drei Ereignisse – Trillern, Vorlesen, Witze – danach zu ordnen, was am längsten gedauert hat und was am schnellsten ging.

4. Wenn niemand den Zweck deines Experiments durchschaut hat, wird die Mehrheit das Pfeifen am längsten, die Witze am kürzesten empfunden haben. Und das Vorlesen lag vermutlich irgendwo dazwischen. Verrate am Ende gern, dass sich deine Probanden getäuscht haben: Alle drei Ereignisse haben exakt gleich lang gedauert.

Hintergrund:

Du kennst das mit Sicherheit: Die Wochen vor den Ferien ziehen sich wie Kaugummi, hast du dann erst schulfrei, vergeht die Zeit wie im Flug. Oder neulich der Matheunterricht, der nicht enden wollte? Der war doch niemals genau so lang wie die Sportstunde, als ihr dieses lustige Spiel gemacht habt!

In diesem Experiment hier ist etwas ganz Ähnliches passiert: Die Trillerpfeife ist unangenehm laut. Ihr Ton ist schwer zu ertragen – erst recht auf Dauer. 30 Sekunden erscheinen da wie eine Ewigkeit. Deinen lustigen Witzen hingegen möchte man ewig zuhören – und ist enttäuscht, wenn sie plötzlich vorbei sind. Das war schon eine halbe Minute? Kann nicht sein! Ist aber so. Was genau dabei im Gehirn abgeht, und warum sich Zeit nicht immer gleich anfühlt, erfährst du auf den folgenden Seiten.

Publius Vergilius Maro, kurz: Vergil
(70 v. Chr. - 19 v. Chr.)

Je vertrauter, desto schneller

Erwachsene klagen gern, dass ihnen die Zeit zwischen den Fingern verrinnen würde. Schneller und immer schneller. Schon die Menschen im alten Rom hatten dafür ein geflügeltes Wort: „tempus fugit“ – die Zeit flieht, wie es der Dichter Vergil vor mehr als 2.000 Jahren formulierte.

Komisch eigentlich, hast du doch in dem Experiment eben ziemlich eindrücklich feststellen können, dass Zeit mitnichten immer flieht. Manchmal scheint sie sich vielmehr wie ein Kaugummi zu dehnen und will gar nicht enden. Dabei ist das natürlich Unsinn. Die Geschwindigkeit von Zeit ändert sich erst messbar, wenn man sich ultraschnell durch den Raum bewegt – schneller als du es wahrscheinlich jemals tun wirst. Was wir stattdessen erleben, ist ein subjektives Zeitempfinden. Das aber ändert sich von Mensch zu Mensch und von Situation zu Situation.

Dein Körper ist ein Zeitexperte

Dabei gibt uns unsere innere Uhr eigentlich recht gute Hinweise. Nicht nur darauf, wann es Zeit zu schlafen oder fürs Mittagessen ist. Viele Menschen können auch ziemlich präzise und ohne auf eine Uhr zu sehen bestimmen, wie lang zum Beispiel eine Minute ist. Oder spüren das Pausenklingeln auf dem Schulhof, noch ehe der erste Ton erklingt. Allerdings, und das ist das Spannende dabei, funktioniert das nur, wenn uns nichts davon ablenkt. Experimente haben gezeigt, dass Menschen, die eben noch ohne technische Hilfe die Länge von 60 Sekunden bemessen können, komplett versagen, wenn sie sich dabei zum Beispiel Bilder ansehen. Daher vergeht auch die Wartezeit an der Bushaltestelle schneller, wenn ich ein spannendes Buch lese, als wenn ich die Sekunden zähle oder ständig auf die Uhr sehe.

Das ist übrigens bei Kindern und Erwachsenen komplett gleich. Warum klagen die einen dann aber immer über Zeitmangel, die anderen nicht? Experimente haben gezeigt, dass es dabei gar nicht um das Hier und Jetzt geht. Da macht das Alter keinen Unterschied. Wohl aber, wenn es die Vergangenheit betrifft: Kinder können sich in der Regel an viel mehr Einzelheiten erinnern, was sie in den letzten Ferien oder auch nur gestern in der Schule erlebt haben. Viele Erwachsene hingegen können kaum sagen, was es am Vortag zum Mittagessen gab. In ihren Untersuchungen haben die Forschenden die Ursache dafür herausgefunden: Je jünger ein Mensch ist, desto häufiger erlebt er Dinge zum ersten, zweiten oder dritten Mal. Sie sind also irgendwie noch besonders und prägen sich daher auch gut ein. Wenn ich zum zweiunddreißigsten Mal Urlaub auf derselben Nordseeinsel mache, fällt es mir hingegen vermutlich ziemlich schwer, den einen Aufenthalt vom anderen zu unterscheiden – mit allem, was ich in dieser Zeit erlebt habe. Unser Gehirn schließt daraus: Je weniger hängenbleibt, desto kürzer war wohl die Zeit. Aber das stimmt eben nicht.

Raus aus dem Trott

Jetzt denkst du vielleicht: arme Erwachsene – und willst schon weiterblättern. Aber überlege mal kurz. Auch du wirst irgendwann einer dieser armen Erwachsenen sein. Und dann? Sicherlich hilft es schon, dass du jetzt weißt, dass es nur an deinem Gehirn liegt, wenn du ständig Vergil zitieren willst. Du kannst aber auch mehr tun: Sorge dafür, dass dein Leben nicht in einen Trott aus immer gleichen Erlebnissen fällt. Sieh zu, dass du immer mal etwas Neues siehst und ausprobierst. Oder übe deinen Blick, sodass du beim dreiunddreißigsten Strandurlaub die scheinbar vertraute Insel so ansiehst, als wärst du zum allerersten Mal hier.

einfach · mittel · eventuell

Du brauchst:

- Apfel
- Mango
- 1 Esslöffel Zucker
- 4 Esslöffel Zitronensaft
- eine winzige Prise Salz
- kleine Schale und Löffel
- Backblech mit Backpapier
- luftdicht verschließbares Glas
- Küchenmesser

Serviere Konserviertes

Obst wird matschig, Brot schimmelt, von altem Fisch wollen wir gar nicht erst anfangen: Die meisten Lebensmittel haben nur eine begrenzte Haltbarkeit, dann beginnt der Zahn der Zeit in der einen oder anderen Form daran zu nagen. Allerdings haben sich die Menschen im Laufe der Geschichte den einen oder anderen Trick ausgedacht, der Zeit diesen Zahn wieder zu ziehen. Konservierung heißt das Zauberwort. Eine der einfachsten Methoden ist das Trocknen – im folgenden Fall sogar mit einem sehr leckeren Ergebnis!

So geht's:

1. Schäle das Obst und schneide es danach in möglichst hauchdünne Scheiben.

2. Verrühre den Zucker und das Salz mit dem Zitronensaft in der Schale. Bestreiche die Scheiben damit von beiden Seiten und lege sie auf das mit Papier belegte Backblech.

3. Schiebe das Blech in den Backofen und lass die Obstscheiben darin für ungefähr vier Stunden bei etwa 70 Grad Celsius Umluft trocknen. Das geht noch besser, wenn die Ofentür einen kleinen Spalt offen steht. Dabei entweicht zwar etwas Wärme – aber eben auch Flüssigkeit.

4. Wenn die Obststreifen komplett durchgetrocknet sind, lässt du sie abkühlen. Dann steckst du sie schnell in das Glas und verschließt es. Je weniger Luft darin noch enthalten ist desto besser. Unter optimalen Bedingungen, also kühl, dunkel und luftdicht verpackt, hält dein Trockenobst jetzt für Monate. Eine gute und superleckere Reserve!

Hintergrund:

Die meisten Lebensmittel sind von Natur aus nicht unbegrenzt haltbar. Das liegt einerseits an chemischen Prozessen, die ihre Beschaffenheit verändern. Etwa wenn sie gären und der Zucker in der saftigen Birne zu Alkohol wird. Es liegt aber auch daran, dass Lebensmittel nicht nur für Menschen lecker und nahrhaft sind. Auch Bakterien und Pilze freuen sich daran. Wenn die sich darauf breitmachen, werden Brot, Banane und Co. für Menschen aber nicht selten ungenießbar. Für uns heute ist das kein großes Problem. Wir können regelmäßig losgehen und frische Sachen kaufen. Früher war das nicht so einfach. Umso wichtiger, dass man Tricks kannte, die Haltbarkeit zu steigern. Die wichtigsten: Trocknen, wie du es gerade mit deinen Obststreifen gemacht hast. Einsalzen oder Räuchern, weil Pilze und Bakterien das nicht mögen. Einlegen oder Einkochen, Einfrieren oder zumindest luftdicht verpacken. Übrigens: Durch diese Techniken sind manche Lebensmittel entstanden, die es sonst gar nicht geben würde: Käse ist eine Form, Milch haltbar zu machen, Schinken das Fleisch, Marmelade das Obst.

(Fast) alles hat ein Ende

Der Apfel verfault, die Milch wird sauer – doch mit ein paar Tricks kannst du ihren Verfall verhindern. Oder den Zahn der Zeit zumindest aufhalten. Aber wie ist das bei uns Menschen? Die Schönheitsindustrie verdient Jahr für Jahr Abermilliarden Euro, weil die Leute versuchen, mithilfe von Cremes, Tabletten oder gar Operationen das Altern aufzuhalten. Möglichst strahlend und frisch wollen sie wirken, selbst noch als 80-Jährige. Ist ja klar, niemand will ausrangiert werden. Keiner lässt sich gern zum „alten Eisen" zählen. Vor allem will niemand sterben. Aber jeder wird es, so traurig das ist, und dagegen hilft die beste Medizin nichts – auch wenn die natürlich in den vergangenen Jahrzehnten einige Fortschritte gemacht hat. Stellt sich die Frage: Warum ist das so?

Möchtest du ein Einzeller sein?

Warum hat es die Natur so eingerichtet, dass nicht nur wir Menschen irgendwann tot sind – sondern praktisch jedes Lebewesen, egal ob Pilz, Preiselbeere oder Pudel? Die nüchterne Antwort der Wissenschaft: Das ist der Preis, den wir alle dafür zahlen, mehr als nur mikroskopisch kleine Einzeller zu sein. Tatsächlich gibt es Wesen, die sind – zumindest in der Theorie – unsterblich. Pantoffeltierchen zum Beispiel. Die bestehen nur aus einer einzigen Körperzelle und vermehren sich, in dem diese Zelle sich teilt. Ein und dasselbe Tierchen wird also quasi regelmäßig wiedergeboren. Geht dabei nichts schief und gibt es keine äußeren Einflüsse wie eine zu lange Trockenheit, die das Pantoffeltierchen austrocknen lässt, kann das ewig so weitergehen.

Einzeller unter dem Mikroskop

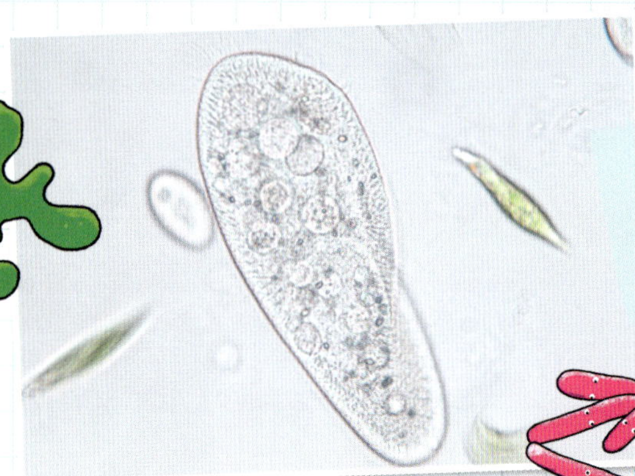

Bevor du dir jetzt wünschst, als Pantoffeltierchen wiedergeboren zu werden: Deren Leben ist nicht besonders spektakulär. Viel mehr als Herumschwimmen, Fressen, sich Teilen passiert da nicht. Dafür muss man schon ein sogenanntes „höheres Lebewesen" sein, zu denen auch wir Menschen gehören. Wir unterscheiden uns vom Pantoffeltierchen dadurch, dass unser Körper nicht nur aus rund 75 Billionen Zellen besteht – sondern dass es auch noch jede Menge unterschiedliche sind, die alle ihre speziellen Fähigkeiten und Aufgaben haben: Die Sehzellen nehmen den Eisladen wahr, deine Gehirnzellen sagen: „hin da", deine Muskelzellen bewegen dich ans Ziel, deine Geschmackszellen lassen dich das herrliche Schokoladeneis genießen. So in der Art.

Der Kreislauf des Lebens

Allerdings ist es enorm anspruchsvoll, so ein Gebilde aus 75 Billionen Einzelteilen in Schuss zu halten. Das verlangt dem Körper viel Arbeit und Energie ab. Die Natur hat es daher so eingerichtet, dass das in der Regel – auch hier können natürlich äußere Einflüsse in die Quere kommen – problemlos gut geht, bis wir alt genug sind, selbst Kinder zu bekommen und am besten großzuziehen. Aus Sicht der Natur haben wir dann aber unsere Aufgabe im Wesentlichen getan. Unsere Zeit ist um. Für den Fortbestand der Art Mensch gibt es keinen Grund, warum wir danach noch lange am Leben bleiben müssten. Klar, theoretisch können Männer noch als 80-Jährige Väter werden. Und Forschende haben herausgefunden, dass Kinder, deren Großmütter sich um sie kümmern, oft besser gedeihen, weshalb die Natur auch Frauen länger am Leben lässt.

Aber irgendwann ist eben doch Schluss. Ganz egal, was wir dagegen unternehmen. Und genau genommen ist das ja auch gut. Jeder Mensch hat seine Zeit. Würde sie ewig andauern, wäre es schon längst viel zu voll auf der Erde.

Für Pflanzen und Tiere ist das alles übrigens kein Problem. Die kennen keine Angst vor dem Tod. Das ist leider ein weiterer Preis, den wir zahlen: Kein Lebewesen hat ein höherentwickeltes Gehirn als wir Menschen. Wir haben die Sprache erfunden, das Rad, den Computer. Denn wir haben Fantasie. Das heißt, wir können uns Dinge vorstellen, die es gar nicht gibt. Oder noch nicht gibt. Blöderweise gehört die eigene Vergänglichkeit dazu.

Kurzer Check

Die Zeit flieht, also halte dich nicht zu lange mit diesem kleinen Quiz zum Abschluss des Kapitels auf. Musst du aber garantiert nicht. Mit Mimosen und Pantoffeltierchen kennst du dich jetzt schließlich aus!

1. Wie werden Mimosen auch genannt?

a. „Vierzähnige Schampflanze“
b. „Chinesische Duftblüte“
c. „Berühre mich nicht“

2. Was gehört in der Chronobiologie zu den „exogenen Faktoren“?

a. Ebbe und Flut
b. Hunger und Durst
c. Leben und Tod

3. Nach welcher Zeit empfiehlt deine innere Uhr eine Pause?

a. nie
b. alle 90 Minuten
c. etwa viermal am Tag

4. Von wem stammt das geflügelte Wort „tempus fugit“ – die Zeit flieht?

a. von dem deutschen Reformator Martin Luther
b. von dem römischen Dichter Vergil
c. von dem spanischen Maler Salvador Dalí

5. Was macht das Pantoffeltierchen so besonders?

a. Es ist theoretisch unsterblich.
b. Es lebt nicht nur in Pantoffeln, sondern auch in Sandalen und Turnschuhen.
c. Man kann es wie ein Meerschweinchen zu Hause halten.

1 c) Weil Mimosen bei Berührung ihre Blätter in Sekundenschnelle einrollen können, sagt man auch „Berühre mich nicht“ zu den Gewächsen aus der Familie der Hülsenfrüchtler, mehr dazu ab *Seite 42*. **2 a)** Mehr oder minder alle Rhythmen und Kreisläufe der Natur gehören zu den exogenen Faktoren – also den äußeren Einflüssen auf die innere Uhr eines Lebewesens, mehr dazu ab *Seite 44*. **3 b)** Forschungen haben gezeigt, dass Menschen, die alle 90 Minuten eine Pause machen, deutlich leistungsfähiger sind als solche, die ihrer inneren Uhr nicht folgen, mehr dazu ab *Seite 46*. **4 b)** Der Ausspruch geht auf Vergil zurück, der vor mehr als 2.000 Jahren der Hofdichter des ersten römischen Kaisers Augustus war, mehr dazu ab *Seite 52*. **5 a)** Pantoffeltierchen sind einzellige Lebewesen, die sich durch Zellteilung vermehren. Kommt nichts dazwischen, können sie das theoretisch unendlich oft und lange wiederholen, mehr dazu ab *Seite 56*.

5.

Bleibt die ZEIT irgendwann stehen?

mittel sehr hoch nein

Ein Gruß in die Zukunft

Du brauchst:

- luft- und wasserdicht verschließbare Kiste oder Dose
- Klebstoff oder Klebeband
- Papier und Stifte
- Münzen, eine (leere!) Chips- und Bonbontüte, einen aktuellen Stadtplan, Zeitungsausschnitte, Fotos, ...
- einige Klarsichtfolien
- wenn du hast: kleine Silicagel-Beutel, wie sie oft in Verpackungen von Schuhkartons liegen

Du weißt, wie lange du noch zur Schule gehen wirst. Vielleicht hast du sogar schon eine Idee, was du danach machen willst. Trotzdem: Wie dein Leben in ein paar Jahren wirklich aussehen wird, weißt du nicht. Das weiß niemand. In die andere Richtung hingegen funktioniert das. Du erinnerst dich an vieles, was du schon erlebst, getan und gesehen hast. Noch spannender wird das mit einer Zeitkapsel. Damit kannst du dir selbst – oder anderen – aus dem Hier und Jetzt eine Botschaft in die Zukunft schicken.

So geht's:

1. Überlege dir als Erstes, für wie lange die Zeitkapsel verschlossen bleiben soll – und wer sie später öffnen wird: Du selbst, deine Nachfahren oder irgendjemand Unbekanntes.

2. Abhängig davon nutzt du die Zettel: Ist die Kapsel für dich selbst bestimmt, schreibe einen Brief an dein Ich in fünf, zehn oder fünfzig Jahren. Das klingt sicher anders, als wenn er für deine Kinder oder Enkel bestimmt ist. Und willst du es dem Zufall überlassen, wer deine Kapsel einst öffnen wird, berichtest du vielleicht lieber allgemeiner von deinem Hier und Heute.

3. Stecke die Briefe – und auch alles andere, das aus Papier besteht – in Klarsichtfolien, so sind sie besser geschützt. Dann kommen sie in die Dose. Packe auch die übrigen Gegenstände dorthinein. Überprüfe noch einmal, dass sich nichts Verderbliches darunter befindet. Ein Marmeladenbrot wird nicht erst in zehn Jahren unansehnlich.

4. Dazwischen steckst du die Silicagel-Beutel. Das Gel saugt die Luftfeuchtigkeit in der Kapsel auf, so haben es Mikroorganismen schwerer zu überleben und der Inhalt der Dose ist besser geschützt.

5. Verschließe die Kiste oder Dose sorgfältig. Du kannst den Deckel zusätzlich mit Klebstoff oder Klebeband sichern, damit Feuchtigkeit es noch schwerer hat, hineinzugelangen.

6. Schreibe das Datum auf die Kapsel, an der du sie versteckst – und wenn du nicht willst, dass sie vor einem bestimmten Termin geöffnet wird, auch diesen.

7. Suche den besten Ort für ein Versteck. Willst du selbst oder eine verwandte Person die Kapsel eines Tages öffnen, reicht es, sie in den Keller oder den Kleiderschrank zu legen oder im Garten zu vergraben. Soll sie jemand Unbekanntes finden, brauchst du hingegen eine Stelle, die nicht auf Privatgelände liegt und die auch nicht in absehbarer Zeit bebaut werden kann.

8. Schreibe dir auf, wo das Versteck ist. Am besten mehrfach. In einen digitalen Kalender kannst du das Öffnungsdatum schon mal eintragen.

9. Zum Schluss vergisst du das alles schnell wieder. Umso größer wird die Überraschung sein, wenn du die Kapsel in fünf oder zehn Jahren wieder ausgräbst – oder eines fernen Tages mit deinen Enkelkindern öffnest.

Hintergrund:

Die Archäologie ist eine wichtige Wissenschaft, um über das Leben in früheren Zeiten zu lernen. Ganz egal, ob Forschende ein Grab aus dem alten Ägypten samt all seiner Grabbeigaben finden, einen Müllplatz aus dem Mittelalter oder den Keller einer römischen Villa freilegen: Sie erfahren dabei eine Menge über die Vergangenheit. Was haben die Menschen gegessen, gemacht, gedacht? Wie sahen ihre Alltagsgegenstände aus, woraus und wie wurden sie gefertigt?

Zeitkapseln können ganz ähnliche Erkenntnisse liefern – außer, dass sie das Entschlüsseln oft leichter machen, da sie – anders als die Müllkippe – ja dafür gemacht sind, gefunden zu werden. Die Idee ist gar nicht neu. So fand man schon vor mehr als 150 Jahren bei Arbeiten in einem Turm der Stadt Aschersleben eine Blechbüchse, die mehrere alte Urkunden enthielt. Eine andere aus dem Jahr 1795 war in die Mauer eines Regierungsgebäudes in Boston, einer Stadt in den USA, eingebaut. Sie ist schon mehrfach geöffnet und danach wieder zurückgelegt worden. Sie enthält unter anderem Zeitungsausschnitte und verschiedene Münzen.

Als diese Kapsel versteckt wurde, waren die Zeitungsausschnitte ganz aktuell. Aus der Gegenwart. Heute, also aus damaliger Perspektive: in einer fernen Zukunft, erzählen sie etwas aus einer Vergangenheit, die lange her ist. Genau so wird es mit deiner eigenen Kapsel auch einmal sein!

Du bist übrigens in guter Gesellschaft, es gibt noch weitere ungeöffnete Kapseln. Eine nahm der deutsche Astronaut Alexander Gerst im Jahr 2018 mit auf die Internationale Raumstation ISS. Sie enthält eine CD mit Zukunftswünschen von 8.000 Kindern, zwei selbst gebaute Sonnenuhren, seltene Meteoriten, einen winzigen, selbst gebastelten Papierflieger, ein Spielzeugauto. Nach der Rückkehr übergab Gerst die Kapsel dem Haus der Geschichte in Bonn – wo sie ausgestellt ist, bis sie geöffnet wird: genau 50 Jahre nach ihrem Raumflug, also am 6. Juni 2068.

Wann ist das alles vorbei?

Egal ob Mücke, Elefant oder Mensch: Für jede und jeden von uns endet unsere Zeit auf der Erde mit dem Tod. Ob danach noch etwas kommt? Darüber gibt es auf der Welt unterschiedlichste Vorstellungen. Im christlichen Glauben gibt es zum Beispiel das Leben nach dem Tod, je nach Betragen in Himmel, Hölle oder Fegefeuer. Die Kirchenleute haben die Frage aber noch weitergedacht: Wird eines Tages vielleicht alles vorbei sein und damit auch die Zeit enden? Tatsächlich sind sich Menschen christlichen, muslimischen und jüdischen Glaubens da grundsätzlich einig. In ihrer Vorstellung wird irgendwann das Gottes- oder Himmelreich beginnen. Und es wird sich außerhalb der Zeit befinden, wie wir sie kennen.

Nun ist das erstens eine Glaubensfrage und zweitens ist vieles von dem, was in der Bibel steht, ohnehin nicht wörtlich zu nehmen. Dass alle Menschen von Adam und Eva abstammen? Unwahrscheinlich! Die spannende Frage aber bleibt: Kann es sein, dass die Zeit irgendwann vorbei ist? Dass sie aufhört zu existieren, einfach stehenbleibt wie eine Uhr, die man nicht aufgezogen hat? Klingt erstmal schwer vorstellbar. Aber denk einmal 50 Seiten zurück, an den Anfang dieses Buches. Urknall und so, der berühmte „Big Bang“, du erinnerst dich? Vor 13,8 Milliarden Jahren ist das Universum quasi aus dem Nichts entstanden. Und erst damit hat die Zeit begonnen. Warum sollte sich dieser Prozess nicht irgendwann umdrehen, alles wieder verschwinden? Das wäre auch das Ende der Zeit.

24.6.1977, Grundsteinlegung der Semperoper, Dresden. Zu diesem Anlass wird eine Zeitkapsel im Grundstein versenkt.

Diese Zeitkapsel wurde vor der Grundsteinlegung gelötet, um sie wasserdicht zu machen.

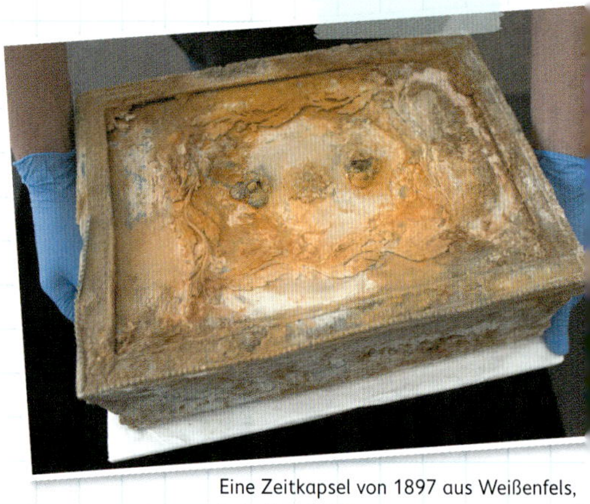

Eine Zeitkapsel von 1897 aus Weißenfels, freigelegt 2017

Ende gut, alles gut?

Die gute Nachricht ist: Nach allem, was Astronominnen und Astronomen, also Fachleute der Himmelskunde, beobachten, wächst das Universum seit 13,8 Milliarden Jahren immer weiter und ein Ende ist nicht abzusehen. An seinen Rändern, auch wenn dort natürlich noch niemand war, scheint es sich sogar immer schneller auszudehnen. Das hat allerdings manche Forschende zu einer anderen Theorie gebracht. Ist alles sehr kompliziert mit dunkler Energie und so. Vereinfacht gesagt glauben sie, dass es das Weltall irgendwann zerreißen wird. „Big Rip“ nennen sie das. Dieser Zerfall wird von außen nach innen stattfinden.

Werden wir also beobachten können wie die Welt endet und die Zeit stehenbleibt? Theoretisch ja. Praktisch eher nicht: Die Forschenden haben einmal ausgerechnet, wann es soweit sein könnte. Sie kommen auf einen Zeitraum von irgendwo zwischen 20 und 50 Milliarden Jahren. Das heißt, die Welt hat noch nicht einmal die Hälfte, vielleicht sogar weniger als ein Viertel ihrer Lebenszeit auf der Uhr. Hier noch ein paar weitere Zahlen, um dich beruhigt schlafen zu lassen: Die Erde gibt es sogar erst 4,6 Milliarden Jahre. Erste Spuren von Leben fanden sich erst rund eine Milliarde später und wir Menschen latschen erst schlappe zwei Millionen Jahre auf unserem Planeten herum. Bis zum Ende der Welt wird mindestens noch 10.000-mal so viel Zeit vergehen. Es lohnt sich also allemal, noch eine Zeitkapsel zu basteln!

Kurzer Check

Der große Bogen ist geschlagen, vom Anfang der Zeit zu ihrem möglichen Ende. Bis es soweit ist, hast du die Fragen hier locker ein paar fantastillionenmal beantwortet!

1. **Was nahm der Astronaut Alexander Gerst 2018 mit auf die Internationale Raumstation?**

   a. seine Briefmarkensammlung
   b. seine Kuckucksuhr, ein Erbstück seiner Großmutter
   c. eine Zeitkapsel

2. **Was erforscht die Archäologie?**

   a. das Leben unserer Vorfahr*innen anhand von deren Hinterlassenschaften
   b. wie die Menschen in der Zukunft leben werden
   c. wie man Häuser so baut, dass sie möglichst lange halten

3. **Was kommt in der Vorstellung des christlichen Glaubens nach dem Ende der Welt?**

   a. ein großer Blitz und Donner, dann ist alles vorbei
   b. das sogenannte Himmelreich
   c. Welches Ende? Die Welt wird ewig weiterbestehen!

4. **Wie entwickelt sich das Universum heute, 13,8 Milliarden Jahre nach dem Urknall?**

   a. Es hat seine endgültige Größe erreicht und entwickelt sich gar nicht mehr.
   b. Es zieht sich wieder zusammen.
   c. Es dehnt sich immer weiter aus.

5. **Was ist das Gegenteil des „Big Bang", also vom Urknall?**

   a. der „Big Rip"
   b. der „Big Mac"
   c. der „Small Bang"

1 c) Gerst nahm eine Zeitkapsel mit, die erst 60 Jahre nach Ende seines Raumfluges geöffnet werden soll, mehr dazu ab *Seite 60.* **2 a)** Archäologie ist der Fachbegriff für Altertumskunde und bedeutet übersetzt „das Wissen von den alten Dingen", mehr dazu ab *Seite 61.* **3 b)** An das Himmels- oder Gottesreich glauben nicht nur Christinnen und Christen, so ähnlich gibt es das auch im Islam und im Judentum, mehr dazu ab *Seite 62.* **4 c)** Nach allem, was wir wissen, dehnt sich das Universum immer noch weiter und weiter aus, mehr dazu ab *Seite 62.* **5 a)** Mit dem Urknall begann alles, mit dem „Big Rip", dem großen Zerreißen, wird alles enden. Jedenfalls glauben das manche Forschende, mehr dazu ab *Seite 62.*